REFERENCIAS DE BOLSILLO CARIBE

Diccionario de la Biblia

Fácil de entender e
ilustrado de principio a fin

•

Exclusivo Sistema de Índice

•

Organizado alfabéticamente

D1572508

© 2002 Editorial Caribe
Una división de Thomas Nelson, Inc.
Nashville, TN—Miami, FL EE.UU.
www.caribebetania.com

Título en inglés: *Nelson's Pocket Reference Series:
Bible Dictionary*
© 1999, 1978 by Thomas Nelson Inc,

Traductor: Pedro Vega

ISBN: 0-89922-626-4

Impreso en Canadá
Printed in Canada

PREFACIO

Un diccionario bíblico es una herramienta indispensable para quien desee aprender más de la Biblia. La Biblia es un importante pilar de la civilización occidental y a ella se hace referencia frecuentemente en la literatura, la historia, los periódicos y las revistas.

Lo conciso y manuable de ese diccionario bíblico hace que sea de extrema utilidad lo mismo para el lector que para el estudiante de la Biblia. Uno puede usarlo en la casa o llevarlo a la escuela dominical o al estudio bíblico donde se convierte en un instrumente de consulta para toda la clase. Las ilustraciones hacen que mucha palabras cobren vida al presentarnos gráficamente cosas que no pueden describirse con facilidad.

Cuando desee saber más de la Biblia, busque este cómodo diccionario. A cualquier parte donde lleve la Biblia, llévelo con usted. De veras lo apreciará.

Aarón

Hermano mayor y portavoz de Moisés. De él descendió, por medio de Eleazar, la clase sacerdotal hereditaria en Israel.

Ab

Quinto mes del año hebreo. Véase Calendario.

Abadón

(«Lugar de destrucción») Príncipe de los demonios, llamado también Apolión, Belcebú, Asmodeo.

Abba

Nombre que se usaba para invocar a Dios en las oraciones de los judíos y de los cristianos del primer tiempo. En el NT aparece tres veces seguido el equivalente griego (Mr 14.36; Ro 8.15; Gá 4.6).

Abdías

Nombre de once personas en el AT.

Abdías, Libro de

Es el libro más corto del AT, formado por un solo capítulo. Se da una interpretación profética a una gran calamidad que ya ha ocurrido en Edom y una predicción del juicio universal.

Abednego

Nombre babilónico de uno de los compañeros de Daniel, cuyo nombre hebreo era Azarías. Véase Sadrac.

Abeja

Canaán se describe como tierra que fluye leche y miel, lo que indica abundancia de abejas. Entre las cosas que Judá e Israel exportaban a otros países, Tiro, por ejemplo, se contaba la miel (Ez 27.17)

Abel

(Heb. «vanidad», «aliento»; acádico, «hijo») 1.Segundo hijo de Adán, asesinado por su hermano Caín (Gn 4.2ss.). Era temeroso de Dios y justo, y en contraste con Caín es el modelo de un adorador que agrada a Dios, que debido a eso tiene que sufrir (1 Jn 3.12). Nuestro Señor lo describe como justo (Mt 23.35), y en He 11.4 aparece a la cabeza de los héroes de la fe.

2. Parte del nombre de diversos lugares en Israel; probablemente signifique «llanura» o «pradera». *Abel-bet-maaca*, ciudad fortificada que se identifica con la colina Tel Abil, 12 millas al N del lago Hula, en el extremo norte de Israel (2 S 20.14-19). *Abel-keramim* («Vega de las viñas», RVR 60), en territorio amonita, probablemente cerca de la moderna Amán (Jue 11.29-33). *Abel-mehola*, probablemente al oriente del Jordán en el wadi el-Yabis, la moderna Tel-el-maqlub (Jue 7.22;1 R 4.12;19.16). *Abel-mizraim*,posiblemente entre Jericó y el Mar Muerto (Gn 50.11). *Abel-sitim*, en los llanos de Moab, al NE del Mar Muerto; posiblemente la actual Tel el Hamán. Nombre antiguo de Sitim (Nm 33.49).

Abiatar

(Heb. «el Padre [Dios] da abundantemente») Sacerdote de David.

Abib

(Heb. «espigas nuevas») Primer mes del calendario hebreo; Nisán. Véase Calendario.

Abigail

(Heb. «mi padre se regocija») Esposa de Nabal y esposa de David después de la muerte de Nabal.

Abimelec

(Heb. «Melec es mi padre») 1. Rey de Gerar que aparece en relatos similares acerca de Isaac y Rebeca y Abraham y Sara (Gn 20-21;26).

2. Hijo de Jerobaal (Gedeón), rey de Siquem (Jue 8.31; 9.1-57).

Abner

(Heb. «mi padre es Ner») comandante del ejército israelita en el tiempo de Saúl.

Abominación

Toda cosa que es repugnante o detestable espiritual o éticamente para Dios y para los hombres.

Abraham, Abram

(Heb. «Padre de una multitud»; «Padre excelso») Uno de los grandes personajes del Antiguo Testamento (Gn 11.27—25.8). Abraham nació en Ur de los Caldeos, en lo que es actualmente Irak. Taré su padre, emigró con Abraham y Sara, esposa de Abraham, y Lot su sobrino, hasta Harán en Turquía. Allí murió Taré. El resto, con rebaños y ganado siguieron hacia Palestina (Canaán). Abraham se estableció cerca de la antigua Siquem, a corta distancia al E de Nablus y que ahora ha sido extensamente excavada por los arqueólogos; de allí se fue a Egipto temporalmente, y luego regresó a Palestina por el resto de su vida. Lot se estableció en Sodoma y se hizo cananeo. Cuando los cananeos se rebelaron contra Babilonia, y Lot fue llevado cautivo, Abraham recuperó los cautivos y el botín. A lo largo de su vida, Abraham estuvo en contacto con los diversos pueblos que le rodeaban, y llevó a cabo negociaciones con ellos. Conversó con Dios, a quien fue siempre fiel. Dudaron de Dios cuando les prometió un hijo en su vejez. Este hijo fue Isaac. Sin embargo, la relación de Abraham con Dios era tal que cuando le llamó a sacrificar su hijo único respondió sin poner objeción alguna. Dios lo salvó del sacrificio y le prometió una descendencia numerosa y la tierra, promesas que fueron cumplidas. Cuando murió Sara, negoció la compra de un lugar de sepultura en Macpela, donde también fue sepultado después de una larga vida de constante actividad y gran dramatismo.

Absalón

(Heb. «Padre de paz») Hijo de David y de Maaca; por estratagemas para alcanzar popularidad trató de apartar al pueblo de su padre, finalmente suscitó una revuelta contra él, pero fue derrotado por Joab que lo mató, causándole gran tristeza a David (2 S 3.3;12.30—19.10).

Acab

(Heb. «Hermano del padre») Hijo de Omri, rey en el reino del Norte, Israel, en el tiempo de Elías que reinó 22 años. Derrotó dos veces a Ben-adad, rey de Damasco y destruyó su capital y lo sitió en Afeca; después hicieron un tratado para combatir a Asiria. Salmanasar II, rey de Asiria, en una inscripción en un monolito afirma haber derrotado a Acaba y Ben-adad con otros reyes en Carcar el año 854 a.C. Un año después Acab murió en una batalla en Ramot de Galaad en que Ben-adad lo venció a él y a su aliado Josafat de Judá. El culto de Baal y Astoret, introducido por su esposa la princesa tiriota Jezabel, con la lucha religiosa que esto produjo en el país, y su robo y asesinato de Nabot, dejaron en Israel una negra memoria de Acab (1 R 16.29—22.40).

Acacia

Árbol que produce una madera dura, utilizada en la construcción. Se la llamaba madera de sittim.

Acad

(Gn 10.10) Una de las cuatro ciudades de Nimrod en Sinar (Babilonia). La tierra de Súmer y Acad (o Akkad) aparece en inscripciones asirias como la designación común de Babilonia como un todo.

Acadio

El acadio fue el primer pueblo semita en mudarse a Mesopotamia; los primeros nombres acadios que aparecen entre los reyes babilónicos se encuentran en el período de 1200-1100 a.C. El idioma se divulgó ampliamente y se convirtió en idioma de uso común en el comercio y los negocios unos 750 años antes. El asirio y el babilónico se consideran dialectos de los acadios.

Acaz

(Heb. «poseedor» o «aprovechado») Décimo primer rey de Judá, recordado por su perverso reinado (2 R 16,23.12; 2 Cr 28; Is 7,8,9).

Aceite

El aceite producido de aceitunas machacadas, sin exprimirlas, era de primera calidad, y se usaba para las lámparas del santuario. Con el aceite de oliva con especias aromáticas finas se fabricaba con «arte de perfumador» el aceite de la unción, «superior ungüento», para uso ritual de consagración.

Acéldama

Lugar de sepultura fuera de los muros de Jerusalén.

Adán

(«terreno»; «humano») 1. Palabra hebrea que se traduce hombre, específicamente aplicado al primer hombre. Creado el mismo día que los animales, no es semidivino, pero tiene la capacidad de desarrollo espiritual. 2. Ciudad al oriente del Jordán, actual Tel-ed-Damiyeh (Jos 3.9-17).

Adar

Décimo segundo mes del calendario hebreo. Véase Calendario.

Adoni

Nombre hebreo de Dios.

Adoraim

(Heb. «dos eras»?) Ciudad identificada como la moderna Dura, 5 millas (8 km) SO de Hebrón (2 Cr 11.9).

Adulam

(Heb. «retiro, refugio») Extensas ruinas en el Wadi es-Sur, 9 ½ millas (15 km) al NE de Beit Jibrin, posiblemente marquen el sitio de Adulam, lugar al que se hacen muchas referencias bíblicas.

Afec o Afeca

(Heb. «fortaleza») Nombre de cuatro lugares en el AT. Cada localización ha sido identificada.

Ágape

(gr. Ágape, «amor») Fiestas de amor, cenas comunes de los cristianos primitivos que expresaban el amor fraternal que los unía como una familia, y que culminaba en la Cena del Señor. Burdos abusos de esta hermosa costumbre, como los condenados en 1 Co 11.17ss, y Judas 12, llevaron a la separación de la Cena del Señor de la fiesta de amor de la iglesia post-apostólica.

Ágata

(Gr. Calcedon) El ágata es una de las variedades de sílice cristalina que muestra un diseño en bandas de diferentes colores. Desde tiempos muy antiguos ha sido usada como piedra preciosa y solía tallarse.

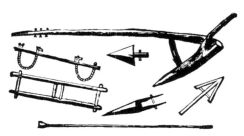

Arado y otros implementos

Agricultura

Las excavaciones revelan una agricultura desarrollada en las tierras bíblicas ya en 8000 a 7000 aC; se ha encontrado en abundancia hoces de pedernal para la siega y morteros con mano de basalto para moler grano. El año religioso de los israelitas se ajustó a los ciclos de cultivo, y muchos pasajes memorables de la Biblia tienen referencias al tiempo de la siembra y la cosecha. Los patriarcas y sus descendientes hasta la conquista de Canaán eran pastores (de ovejas, vacunos, cabríos, asnos y camellos). Después de la ocupación, las tribus occidentales aprendieron la agricultura y el cultivo de la vid, el olivo y la higuera de los cananeos. Entre los productos cultivados estaban el trigo (algunas variedades), la cebada, el centeno, el lino, el comino, algarrobas, frijoles, lentejas y mijo.

Águila, buitre, ave de rapiña

Las aves más grandes de Palestinas, todas calificadas de inmundas como alimento. El buitre es un pájaro carroñero. La misma palabra hebrea se ha traducido de diversas maneras.

Ahías

(Heb. «hermano de Yah») Nombre de nueve personas en el AT, una de las cuales era sacerdote en el tiempo de Saúl; otro era profeta de Silo que anunció el reinado de Jeroboam.

Ahimaas

(Heb. «hermano es consejero»?) Nombre de tres personas en el AT, uno de los cuales fue sacerdote vinculado con David.

Ahinoam

(Heb. «placentera») 1. Esposa de Saúl, hija de Ahimaas.

2. Esposa de David, de Jezreel.

Ahitofel

Consejero real de David.

Ajalón

(«Lugar del ciervo») 1. La moderna Yalo, con restos

de una ciudad fortificada. 2. Lugar en Zabulón, probablemente Tel el-Butne en el valle de Aso-chis.

Ajenjo

Planta ponzoñosa o una de sabor muy amargo en la raíz, también traducido hiel. Es muy probable que la planta se diera en lugares desiertos en Palestina, como planta perenne de 3 ó 4 pies (1 a 1,20 m) de alto, con hojas parecidas a la de la zanahoria. En Palestina se encuentra varias especies de artemisia, todas con sabor amargo.

Ajo

Bulbo de la familia de los lirios. Las inscripciones egipcias lo tienen en sus listas. Durante la peregrinación en el desierto los hebreos lo extrañaban.

Alabastro

Piedra blanda, con vetas, color crema claro. Muy utilizado para frascos de perfume.

Alejandría

Gran puerto de mar en la desembocadura del Nilo, fundado por Alejandro el Grande aproximadamente el año 332 a.C. Dio a los judíos un barrio en esa ciudad; a principio de la era cristiana era el principal centro comercial entre Este y Oeste, y el asiento de la literatura y la filosofía griega.

Aleluya, Halel

(Heb. «alabad a Jah») Probablemente lo cantaba al unísono el coro del templo. Se supone que el «himno» cantado por Jesús y sus discípulos después de la cena (Mr 14.26). Se denominaba así a la serie de Salmos que comienzan con «Aleluya» (véase Salmos 111-113).

Vasijas de alabastro

Aleña

Arbusto de flores fragantes. Una tintura preparada de las hojas exprimidas mezcladas en agua se usaba para colorear la planta de los pies, las palmas y las uñas; henna.

Alfa y Omega

Nombres de la primera y última letras del alfabeto griego. «Alfa y Omega» suele indicar toda la extensión, no solo el principio y el fin de un acto o concepto.

Alfeo

Nombre griego que aparece sólo en el NT. 1. Padre de Leví, que también se llamaba Mateo (Mr 2.14).

2. Padre de Jacobo el Menor (Mt 10.3; Mr 3.18; Lc 6.15; Hch 1.13).

Algodón

En el Medio Oriente el algodón se usaba desde tiempos remotos. Es probable que las cortinas de color que colgaban en el palacio de Susa (Est 1.6) y las redes tejidas en Egipto (Is 19.9) fueran de algodón.

Alimentación, Leyes de

En la ley todos los animales se clasifican en limpios, que se pueden comer, e inmundos, que se prohíbe usarlos para la alimentación. Distingue como limpios los animales que rumian y tienen pezuña hendida; pecados con aletas y escamas; todas las aves, excepto 19 ó 20, que son mayormente carnívoras, y entre los insectos, la langosta. Se encuentran leyes más o menos similares entre los egipcios, hindúes, persas y musulmanes. La distinción entre alimentos limpios e inmundos, antes de ser ordenada en el nombre de Dios, era una costumbre y tradición establecida entre los judíos, quizás derivado esto de la repugnancia y el asco natural a la vista, al tacto u olor de muchos animales, el mal efecto sobre la salud atribuido a diversas carnes, y del lugar que, por ejemplo, la carne de cerdo tenía en la idolatría. El propósito por el que esta distinción tradicional entre alimentos limpios e inmundos fue elevado a la categoría de ley formal se expresa claramente; era para formar parte de la muralla de separación del pueblo escogido por Jehová como posesión de los gentiles. Estaban prohibidas todas las partes del animal que, según el ritual de los sacrificios, eran consagradas para el altar; había graves castigos para los transgresores. En especial se prohíbe la sangre porque (1)"la vida de toda carne está en la sangre", y debe ser devuelta al Señor de la vida; y (2)la sangre se apartaba para hacer expiación por el alma. Compárese esto con la práctica de los paganos, por ejemplo, los filisteos, que en su idolatría bebían la sangre que destilaba en la vasija del sacrificio. Ciertas partes de la grosura de los animales adecuados para el sacrificio (becerros, ovejas y cabritos) no se debían comer, pero eran consagrados a Jehová. Estaba prohibido cocer un cabrito en la leche de su madre, lo que posiblemente se podía tomar como equivalente a comer carne con sangre, y así se prohibía a los hebreos junto con el sacramento pagano de la sangre. Los árabes en el presente suelen cocinar un cordero o cabrito en leche. La carne de los animales estrangulados o muertos sin derramar la sangre de la manera regular y la carne sacrificada a los ídolos paganos también estaban prohibidas. Estas leyes eran bien observadas salvo en tiempos de gran angustia o de decadencia religiosa. La escrupulosidad de los judíos respecto de estas leyes de alimentación, hacía difícil que judíos y cristianos comieran juntos y disfrutaran de una completa comunión; los gentiles aceptaron un compromiso, el de respetar a los judíos cristianos en este punto. Cristo declaró que toda esta legislación es moralmente indiferente.

Almendro

(Heb. «despertar») El almendro común cuya hermosa flor, blanco rosáceo, aparece en enero, el pri-

Almendro y sus flores

mer mes del año, de donde viene su nombre. Crece silvestre en las tierras altas de Palestina. Hay frecuentes referencias a este árbol en la Biblia.

Áloes

1. Sustancia aromática, probablemente una madera aromática, como el sándalo blanco, de la que se hacía el incienso y los perfumes. No era nativa sino importada. 2. El verdadero áloe, una planta carnosa, da un laxante amargo y de mal olor y debe de haberse usado con mirra para embalsamar.

Altar

Construcción artificial para ofrecer sacrificios y oraciones, originalmente de tierra, de turba y pie-

Cortesía de *The Interpreter's Dictionary of the Bible*

Áloes

dras en bruto. La ley ordenaba que los sacrificios sólo se ofrecieran en el santuario; pero los hebreos siguieron levantando altares en lugares altos hasta que, bajo la reforma de Josías, se reconoció universalmente el templo de Jerusalén con su altar del incienso y su el altar del holocausto, como el único lugar donde de podía ofrecer sacrificios en forma legítima. Los «cuernos» del altar, puestos en sus cuatro esquinas eran su parte más sagrada. La sangre de los sacrificios se ponía sobre ellos, y de ellos se aferraban los fugitivos que reclamaban el derecho de asilo.

Amalecitas

Tribu nómada formada por descendientes de Esaú, que vagaban desde Sinaí, a través del Neguev, al sur del mar de Galilea, hasta el Golfo de Aqaba. A través de siglos hicieron guerra a los israelitas. Saúl y David los derrotaron, pero ninguno logró su exterminio. En el tiempo de Ezequías parecen haber sido completamente derrotados. En las cartas de Tel el-Amarna, se les califica de saqueadores.

Amasa

(Heb. «una carga») 1. Sobrino de David. 2. Jefe efraimita.

Amasías

(Heb. «Yah es fuerte») Nombre de cuatro personas en el AT, uno de ellos rey de Judá por 29 años presumiblemente.

Amatista

Variedad de cuarzo (sílice cristalizada) de color púrpura, que se usa con propósitos ornamentales. Tiene el aspecto de un vidrio púrpura pálido, pero es más duro.

Amén

Palabra hebrea que significa «verdad», usada adverbialmente para expresar con fuerza una confirmación. Se usa como respuesta confirmatoria al final de una oración («Que así sea»).

Amón

(Hb. «confiable») Nombre de tres personas en el AT, uno rey de Judá; además, el dios imperial de Egipto.

Amonitas

Pueblo semita asentado al NE del Mar Muerto. Hicieron guerra contra Israel, fueron vasallos de David y Salomón, y después vasallos de Asiria. Orígenes los menciona en el tercer siglo d.C., después de lo cual desaparecen entre los árabes. Las excavaciones cerca de Amán revelan una cultura bien desarrollada.

Amorreos

Pueblo antiguo que puede haber ocupado Siria y el N de Palestina; su idioma podría ser el precursor del arameo. Negaron a los israelitas el paso por su territorio. Las cartas Tel el-Amarna dan información sobre ellos en el período de una cantidad de ciudades estados; las excavaciones en Mari muestran un elevado estado de civilización.

Amós

(Heb. «portador de carga») Profeta menor, era pastor en Tecoa, Judá, y profetizó en Betel durante los reinados de Uzías, Rey de Judá y Jeroboam II, Rey de Israel. Los sacerdotes lo acusaron de traición y lo expulsaron del reino del norte, al cual se refieren principalmente sus profecías, y cuya caída anunciaba.

Amós, Libro de

Libro del pastor de Tecoa. Recibió un llamamiento directo de Dios para profetizar contra la injusticia de Judá e Israel. Amós fue el primer profeta en proclamar a Dios como soberano de todo el universo.

Anaceos

(Heb. «pueblo del cuello») Raza de gigantes que, habiendo sido expulsados de las montañas de Hebrón por Caleb o Josué, se refugiaron en Filistea.

Ananías

(Heb. «Yah es misericordioso») Nombre de tres personas en el NT, uno de los cuales fue el sumo sacerdote ante el cual Pablo fue juzgado en Jerusalén. Otro perdió la vida cuando trató de engañar acerca del dinero recibido por la venta de una propiedad.

Anás

Véase Caifás

Anatema

(Gr. «algo apartado») Una forma de la palabra adquirió un significado especial: «dedicado a la divinidad o al mundo inferior para que sea destruido", y de allí pasó a significar maldito.

Anatot

Lugar donde nació Jeremías. El nombre se preserva en Anata, ciudad 3 millas (4,8 km) al norte de Jerusalén. La antigua ciudad estaba en Ra el-Karrubeh, ½ milla (800 m.) al SO.

Anciano de días

Dios mismo, de gran dignidad y sabiduría.

Ancianos

Jefes de familias y de tribus, entre los hebreos primitivos y en otros pueblos primitivos, que administraban justicia dentro de sus propios círculos en tiempos de paz y eran líderes en tiempos de guerra (cf. el sheik o anciano árabe). Los «ancianos de la ciudad» tomaron después la función de los ancianos de las tribus y familias y retuvieron su función judicial. Los «jueces» y «oficiales» probablemente eran tomados de entre los ancianos que actuaban respectivamente como administradores y ejecutores de la justicia. Cuando la sinagoga se convirtió en una institución establecida, los ancianos que eran las autoridades civiles del lugar eran también los ancianos de su sinagoga. Los ancianos o presbíteros (Gr. «Ancianos») de las iglesias cristianas eran supervisores locales elegidos conforme al modelo de la sinagoga. Desde el principio parecen haber sido elegidos por el pueblo, y con la aprobación de los apóstoles eran instalados en su oficio por la oración y la imposición de manos. Sus deberes eran ejercer el cuidado espiritual del pueblo como pastores, visitar al enfermo y cuidar a los pobres y extranjeros, mantener el orden en las asambleas religiosas, enseñar y administrar los asuntos de la congregación, en concurrencia con los diáconos. La palabra anciano o presbítero era intercambiable con la palabra obispo en el tiempo del NT, y los oficios eran uno y el mismo hasta el año 150 d.C. más o menos, cuando se subordinó por primera vez a los presbíteros bajo los obispos.

Andrés

(Heb. «Varonil») Uno de los doce discípulos de Jesús, hermano de Simón Pedro, hijo de Jonás o Juan, nació en Betsaida en el mar de Galilea. Fue uno de los primeros discípulos de Juan el Bautista en convertirse en seguidor de Jesús, que lo llamó, junto con Pedro, mientras pescaban en el mar de Galilea para ser pescadores de hombres. Parece ser uno de los discípulos que, después de Pedro, Jacobo y Juan estaba más cerca de su Maestro. Hechos lo menciona sólo en 1.13. Según la tradición, sufrió el martirio en Acaya en una cruz con la forma de la letra X (Mt 4.18; 10.2-4; 16.17; Mr 1.16-20, 29; 3.16-19; 13.3; Jn 1.35-42, 44; 6.5-9; 12.20-22; 21.15-17; Lc 5.10; 6.14-16; Hch 1.13).

Ángel

(Gr. «mensajero») Mensajero de Dios con el concepto en desarrollo de un ser espiritual.

Anticristo

Juan usa la palabra en el NT (1 Jn 2.18,22;4.3; 2 Jn 7) pero la idea expresada de diversas maneras aparece en Daniel 7, Ezequiel 38 y 39, 2 Tesalonicenses 2.3-10. según se usa en el NT el nombre puede significar «uno que usurpa el lugar de Cristo» o «uno que se pone como sustituto por Cristo». El principio de su oposición consiste en la negación de la encarnación, que revela la voluntad de Dios de unir al hombre consigo mismo por medio de Cristo, y en la afirmación de la divinidad del hombre aparte de Dios en Cristo. San Pablo enseña que el anticristo aparecerá como singular adversario de Cristo, «el hombre de pecado», que es obra de Satanás «con gran poder y señales y prodigios mentirosos», se sentará «en el templo de Dios, haciéndose pasar por Dios» y será reducido a nada por la manifestación de la venida del Señor. Como Moisés era tipo de Cristo, así Balaam, el anti Moisés era tipo del Anticristo (2 P 2.15; Jud 11; Ap 2.14).

Antílope

La palabra hebrea del AT también se puede traducir «toro o buey silvestre». La gacela, una especie de antílope, vivía en Palestina en los tiempos bíblicos. El antílope a veces aparece dibujado en monumentos egipcios. Es una hermosa criatura, de poco más de un metro treinta de altura, muy silvestre, veloz y fiero cuando es presionado por el cazador.

Antimonio

La estibinita (sulfato de antimonio) se usaba y aún se usa en el oriente como pigmento empleado para oscurecer la parte exterior de los ojos, como cuando Jezabel se pintó los ojos.

Antioquía

1. Siria, sobre el río Orontes, una gran ciudad, después de Roma y Alejandría, donde se usó por primera vez el nombre de cristianos (Hch 11.26). Desde allí salieron las primeras misiones cristianas con Pablo y Bernabé. 2. En Pisidia, visitada por Pablo y Bernabé (Hch 13.14-52).

Antipatris

Ciudad llamada así en honor al padre de Herodes el Grande. Está unas diez millas (16 km) al NE de Jafa (Jope).

Apocalipsis

Revelación de Jesucristo dada a Juan. Es el único libro profético del NT. Se presume generalmente que fue escrito por Juan, uno de los apóstoles de Cristo, hacia el año 95 ó 96 d.C. El libro va dirigido a las siete iglesias de Asia Menor, cuyos miembros eran perseguidos por las autoridades romanas. Para nosotros es difícil entender los mensajes y visiones de Apocalipsis, pero para los perseguidos miembros de las siete iglesias el mensaje de Juan era claramente un mensaje de esperanza, valor y fe para los tiempos de tribulación; y que en el día del Señor los fieles serán ampliamente recompensados. Se caracteriza por el uso de visiones simbólicas como vehículo de la profecía. El modelo para este modo de profecía lo puso el Libro de Daniel. El tema del libro es el triunfo gradual del reino de Dios, que culmina en la segunda venida.

Apolonia

Ciudad griega en Macedonia, al S del lago Balbe (Hch 17.1).

Apolos

Judío alejandrino que llegó a ser un maestro prominente en la era apostólica. «Elocuente», «ferviente en espíritu» y «poderoso en las Escrituras" (del AT), había sido discípulo de Juan el Bautista hasta que Aquila y Priscila le «expusieron más exactamente el camino del Señor». Después de la partida de Pablo de Corinto, predicó el evangelio en esa ciudad. Aunque una de las facciones en la iglesia de Corinto se consideraban sus seguidores, parece haber estado en una estrecha relación de amistad con Pablo, con quien trabajó más adelante en Éfeso. Su última mención está en Tito 3.13. Lutero fue el primero en sugerir que Apolos es el autor de la Epístola a los Hebreos (Hch 18.24-28; 19.1; 1 Co 1.12; 3.3-10, 22; 4.6; 16.12).

Apóstol

(Gr. «enviado») La palabra aparece unas 80 veces en el NT y se limita a algunos hombres de la primera generación de la iglesia y a misioneros del evangelio. Los primeros doce apóstoles enviados por Jesús se nombran en Mr 3.14-19 y en otros lugares. Entre otras personas a las que se llama apóstoles se encuentran Pablo, Jacobo, Bernabé, Matías y a grupos en que se encuentran Junias, Andrónico y Silvano). Posteriormente muchos pretendieron usar ese título, pero la iglesia quería limitarlo a quines habían estado con Jesús y tenían un conocimiento de primera mano de la resurrección, y tenían los atributos denominados señales de un apóstol, y estaban completamente dedicados a la iglesia.

Aquila y Priscila

Amigos del apóstol Pablo que le ayudaron en la evangelización especialmente en Corinto y Éfeso. En Éfeso además fueron los instructores del alejandrino Apolos.

Arabia, árabes

(Gr. «desierto») En los tiempos bíblicos la extensa península arábica no tenía nombre. Sus habitantes eran nómadas. Comerciaban con Egipto y otros países, donde vendían incienso y otros perfumes; tenían camellos, ovejas, cabras y caballos. Ellos pueden haber sido los mercaderes que traían los monos de Ofir (de localización todavía incierta) a Salomón. Entre sus habitantes se cuentan los ismaelitas, madianitas, dedanitas, sabeos y otros. A veces atacaban y saqueaban a Israel, y otras veces hacían comercio pacíficamente. Había una marcada diferencia entre los pueblos del N y del S. No se dice si la reina de Seba vino del N o del S; lo más probable es que fuera del N. También había una cierta medida de mezcla: por ejemplo, el jefe cuidador de camellos de David era un ismaelita y su hermana se casó con un ismaelita. Moisés tenía contactos amistosos con ellos. Jetro, su suegro era madianita. Las referencias bíblicas a pueblos de lo que ahora es Arabia son muchas.

Aram

(Acadio, Aramu) Nombre de Siria y Mesopotamia en el AT (a veces referido sólo a Siria).

Arameo (idioma)

El idioma arameo es más precisamente el idioma del pueblo de Aram, región al NE de Siria. Posiblemente aprendieron la escritura alfabética de los cananeos. Después de la conquista asiria, el arameo se difundió ampliamente como idioma del comercio y se encuentra en conjunción con el cuneiforme en pesas y en tablillas de arcilla en regiones distantes del imperio. Una forma del arameo influyó sobre el alfabeto griego, y otras formas influyeron sobre los escritos de Asia. Cabe destacar que Dn 2.4-7,28; Esd 4.8—6.18 y 7.12-26 se encuentran originalmente en Arameo. El idioma se usaba en Egipto, y en Palestina se hablaba en familia en lugar del hebreo; Jesús y sus seguidores hablaban uno de su diversos dialectos. A la larga, el árabe desplazó al arameo en gran parte del antiguo imperio asirio, aun cuando en algunas partes persistió durante siglos.

Soldado romano

Arameo (pueblo)

Pueblo semita, tradicionalmente descendiente de
Sem, aparentemente en la antigüedad se contaban
entre los nómadas a lo largo del costado occidental
del desierto de Siria. Por un tiempo considerable
era un pueblo activo y en expansión, y su cultura,
particularmente su idioma, se divulgó por el Medio
Oriente. Los asirios los vencieron y los dispersa-
ron, y se desvanecieron como potencia política.

Ararat

Territorio sobre el río Aras en Armenia; también
nombre del monte donde reposó el arca una vez
terminado el diluvio (Gn 8.4) de 5.230 m de altura.

Arca del Pacto

El arca puede haber sido un contenedor para las tablas mosaicas y otros objetos sagrados, o un trono
para el Dios invisible. Estaba cubierta por una pla-
ca de oro que sostenía los querubines y se llamaba
propiciatorio. Se remonta a los tiempos de Moisés
y era el centro de la vida religiosa del pueblo. En
Éx 25 aparecen las instrucciones precisas para su
construcción. El AT tiene unas doscientas referencias al arca: fue capturada en una batalla, permaneció en el hogar de algunos individuos, fue
reverenciada y a veces ignorada. Después que Salomón la puso en el templo, desaparece de la historia.
Una posibilidad es que fuera destruida durante la
invasión de Nabucodonosor.

Aristarco

Gentil macedonio arrestado con Pablo en Éfeso.
Viajaba con Pablo y fue compañero de presidio de
Pablo en Roma.

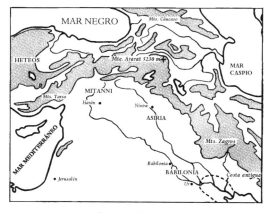

Localización del Monte Ararat.

Armagedón

Lugar de la gran batalla final entre las fuerzas del bien y del mal. Se relaciona con Megido.

Armas, armadura

Hasta los tiempos de David, el ejército de Israel estaba formado exclusivamente por infantería. Los soldados se dividían, probablemente, en dos clases: los fuertemente armados, que usaban casco, cota de malla y grebas, llevaban una espada, una o dos jabalinas y una lanza; y los ligeramente armados que usaban un casco y un corselete de cuero y llevaban espada, arco y honda. El metal que primero se usó en la fabricación de armas probablemente haya sido una aleación de cobre y estaño (bronce). Más tarde se utilizó el hierro importado.

Aroer

(Heb. «junípero») 1.Ciudad en la ribera norte de arroyo de Arnón, unas tres millas (4,8 km) al SE de Diban. La antigua ciudad es un túmulo junto a la moderna Arair. 2.Pueblo en Galaad, posiblemente al S de Amán, cerca de es-Sweiwina. 3.Pueblo en el

Una honda

S del territorio de Judá, la moderna Ararah, 12 millas (unos 20 km) al SE de Beerseba.

Arpa

Se han encontrado un arpa de 10 cuerdas en una tumba egipcia del 1000 aC, una más antigua de madera, de 1500 aC, y una lira de oro en Ur. El arpa, el laúd y la cítara son instrumentos semejantes; el arpa de David, sin embargo, parece haber sido más propiamente una lira.

Arrayán

Véase Mirtos

Artajerjes

El primer Artajerjes se menciona en Esdras 7 y Neh 2 y 13. Su nieto, Artajerjes II, puede ser el que edificó el palacio descrito en Ester 1.

Artemisa

(Véase Diana de los Efesios) Cazadora de la mitología griega, llamada Diana por los romanos, era extensamente adorada a través del mundo griego. Se menciona en Hechos 19 como Diana. Era una diosa de la fertilidad, cuyo culto se había difundido mucho y era muy elaborado.

Ascalón

Una de las principales ciudades filisteas, en la costa. Posiblemente sea el lugar donde nació Herodes el Grande.

Asdod

(«fortaleza»?) Principal ciudad filistea, 10 millas (16 km) al norte de Ascalón, y a tres millas (casi 5 km) de la costa; ahora se llama Esdud. Cuando los filisteos capturaron el arca, la llevaron a Asdod.

Asera

Diosa semita de la fertilidad y los símbolos para el culto de la diosa, un árbol sagrado (que a veces se sustituía por una columna) que con la maseba o pilar sagrado, se ponía cerca del altar en todo lugar alto de los cananeos. Se creía que la divinidad estaba presente en la Asera. Hay muchos referencias en el AT a los árboles y bosques en los lugares altos.

Asfalto

(«Bitumen») El nombre incluye diversos compuestos de carbono e hidrógeno de los que se obtienen la brea, el asfalto y otros. El bitumen suele llegar con la corriente a las playas del Mar Muerto. Se encuentra ceca de Nínive y al pie del Monte Hermón, y hay fuente de asfalto en el valle del Éufrates. La sustancia no se relaciona necesariamente con perturbaciones volcánicas.

Asno

El asno doméstico, que Darwin lo relaciona con el asno salvaje de Abisinia, aparece en los registros más antiguos de Egipto y en los monumentos más antiguos de Asiria. El asno es más apreciado en el oriente que en occidente. Desde antaño, los asnos blancos (albinos) se reservaban para los dignatarios. El asno era el animal de la paz, así como el caballo era de la guerra. Estaba prohibido arar con un asno y un buey en yunta.

Asno salvaje

La mayoría de las referencias bíblicas son al asno salvaje de Siria, especialmente las descripciones de Job y los profetas. El asno salvaje es indomable. Las alusiones que las Escrituras hacen a sus hábitos son muy exactas. La caza del asno salvaje aparece frecuentemente representada en las esculturas asirias.

Asiria

Después de la decadencia del gran reino de Sumer, en la región se desarrollaron dos pueblos de lengua semita. Babilonia gradualmente surgió en la anterior área central de Sumer. Hacia el N se desarrolló Asiria, al principio inestable y no agresiva, que se apoyaba mucho en Babilonia, pero con claras distinciones en los conceptos sociales e intelectuales. Varias personalidades poderosas levantaron sucesivos imperios asirios que duraban hasta la muerte de ese caudillo. Esta fue la historia de Asiria durante cientos de años. Gradualmente vencieron y conquistaron los pueblos de las montañas al N y E de ellos y se volvieron al O. Desde el tiempo de Omri (876-869 a.C.) hasta el de Manases (687-642 a.C.) el pueblo de Israel estuvo bajo la presión de Asiria, pagaba tributo, combatía, era conquistado por Asiria; Tiglat-pileser II (966.935 a.C.), contemporáneo de Salomón, era conocido en Israel, al igual que Salmanasar III (858-824 a.C.), primer rey asirio que tuvo contacto con los reyes de Israel. Tiglat Pileser III (745-727 a.C.) comenzó la deportación en gran escala de los vencidos. Esar-Hadón (680-669 a.C.) atacó a Egipto. El imperio asirio, demasiado extendido, cayó con la destrucción de Asur, su antigua capital el año 614 a.C. y de Nínive el año 612 por una coalición de babilonios y medos. En las excavaciones de las antiguas ciudades Asirias en lo que actualmente es Irak, Turquía y Siria han permitido el descubrimiento de una gran cantidad de material histórico, artístico y literario, y han revelados vínculos insospechados entre los antiguos pueblos.

Áspid

Víbora venenosa.

Astoret (Astarot)

Diosa de la fertilidad de cananeos y sidonios, que frecuentemente sirvió de tropiezo a los israelitas (1 S 7.3; 1 R 11.5). También conocida como Istar.

Astarot

Ciudad en Basán (Dt 1.4, Jos 9.10).

Asuero

Rey persa (485-465 aC?) en Esdras 4.6 y Ester. El Asuero de Dn 9.1 es el padre de Darío el medo.

Asur

Véase Asiria.

Atavío (femenino)

En Is 3.18-24 se da una lista de atavíos femeninos. Entre ellos hay anillos para los dedos, las orejas y la nariz; brazaletes (para brazos y tobillos), pulseras y collares; pomitos de olor y espejos. Además usaban cosméticos, para ennegrecer las uñas y los párpados, y para colorear las mejillas (2 R 9.30; Ez 23.40).

Atavío (para la cabeza)

El atavío común en el pueblo para la cabeza era probablemente como el de los modernos beduinos: una pañoleta coloreada, atada alrededor de la cabeza con un cordón, como una manera de proteger del sol el cuello y las orejas. En tiempos más recientes los ricos usaban un turbante formado por una tira larga de lino enrollada varias veces alrededor de la cabeza. Con ocasión de las fiestas usaban

Astoret

otros adornos para la cabeza, especialmente las novias y los novios.

Atenas

Capital de Ática, la principal división de la antigua Grecia, asiento de la literatura, el arte y la civilización griega. Pablo la visitó en su segundo viaje y dio un famoso discurso en el Areópago o Colina de Marte.

Atrio

Véase Templo.

Ave

En Palestina hay una 350 especies de aves, 26 de la cuales son propias de ese país. En la ley 19 ó 20 especies de aves, mayormente carnívoras, (además del murciélago) se declaran inmundas. Las aves cazadas para alimento eran principalmente la paloma, la perdiz y la codorniz. La paloma se menciona en la Biblia más de 50 veces y era el ave más conocida para los israelitas. Las tórtolas y los palominos eran las únicas aves usada en los sacrificios, de aquí que hubiera un intenso comercio de ellas en las cercanías del templo. Hay muchas alusiones en la Biblia a los hábitos de la paloma. En Palestina hay numerosos palomares hechos de vasijas asentadas en arcilla. Suelen estar al interior de las murallas de las casas de los pobres. En la actualidad abundan las perdices y los patos silvestres, especialmente en las inmediaciones del Mar Muerto. En general escasean la aves canoras, aunque en primavera se oyen el mirlo, la alondra, el pinzón, el cuclillo y el ruiseñor palestino. Hay muchas aves de rapiña.

Aventador

Después de trillado, el grano era aventado arrojándolo al aire con pala u horquilla en la noche cuando ya empezaba a soplar el viento. Entonces el grano caía limpio y la paja la llevaba el viento.

Avispa

(Heb. «depresión») Pertenecen al mismo orden de insectos que las abejas y los tábanos (Jos 24.12). Todos estos insectos tienen cuatro alas; hieren con un lanceta asentada en la parte posterior del abdomen, e inyectan un fluido venenoso en la herida.

Ayuno

La abstinencia total o parcial de alimentos es una expresión de humillación religiosa en el AT, descrita a veces con la expresión «afligir la carne». Se consideraba como una señal natural de pesar, especialmente de penitencia; donde falta este ingrediente, que es lo que le da valor, los profetas lo condenan como desagradable a Dios (Jer 14.12). El único ayuno regularmente recurrente prescrito por la ley es «de tarde a tarde el gran día de la Expiación. Después del exilio los días nacionales de calamidad se conmemoraban con ayuno: el décimo día del décimo mes (Tebet), el día del comienzo del sitio por Nabucodonosor; el noveno día del cuarto mes (Tamuz) cuando fue tomada la ciudad: el séptimo día del quinto mes (Ab), cuando el templo fue destruido, y el mes séptimo cuando Gedalías fue asesinado . El ayuno llegó a considerarse meritorio en sí mismo. Los fariseos ayunaban dos veces a la semana, el quinto día de la semana, cuando se piensa que Moisés subió al Monte Sinaí y el segundo, cuando se supone que descendió. Los discípulos de Juan el Bautista ayunaban con frecuencia. Nuestro Señor no impuso ayuno a sus discípulos mientras él estaba con ellos, pero no condenó la práctica cuando se hacía en el espíritu correcto, y ayunó al comienzo de su ministerio. Los primeros cristianos ayunaban, en particular antes de la misión de los apóstoles y la designación de ancianos. Los ayunos de Pablo parecen haber sido involuntarios. En la versión RVR 60 se omite la palabra ayuno en 1 Co 7:5 y en RSV en inglés se omite sobre la evidencia de los MSS en Mt 17:7; Mr 9:29; Hch10:30 y 1 Co7:5).

Azafrán

Planta de otoño con flores de color púrpura utilizada en la cocina y la medicina.

Azarías

(Heb. «Yah ha ayudado») Nombre de 24 personas en el AT, una de las cuales era el profeta que animó a Asa, rey de Judá para que reformara la religión.

Azazel

Espíritu malo del desierto a quien se enviaba el macho expiatorio cargado con los pecados del pueblo en el Día de la Expiación. Ver Macho Cabrío.

Azmavet

Nombre de cuatro personajes del AT, entre los cuales están uno de los valientes de David, su tesorero y un descendiente de Saúl.

Azufre

Los depósitos e incrustaciones de azufre no son escasos en las inmediaciones del mar Muerto.

Baal

Dioses de la fertilidad de Canaán. Había muchos Baales locales.

Baal-zebub

Dios de la ciudad filistea de Ecrón, a quien el rey Ocozías de Israel pidió un oráculo.

Babel (Heb.) Babilonia (Gr.)

Capital de Babilonia o Sinar, llamada también Caldea. Sus ruinas están cerca de la ciudad de Hilla, al SO de Bagdad, sobre un pequeño tributario del río Éufrates. Su templo de Bel (Marduk), el dios de la ciudad, un zigurat o elevada torre, es la bíblica Torre de Babel. Era una ciudad espléndida e imponente, y para Israel llegó a ser símbolo de todo lo perverso. En el tiempo del NT se convirtió en el nombre simbólico de Roma.

Babilonia

La caída de Sumer dio origen a Babilonia. El gran Hamurabi (c. 1800-1750 a.C.) extendió el poderío de su ciudad estado, Babilonia, haciéndola capital por sobre otras ciudades estado. Fue un administrador eficiente y estableció un plan político duradero, aun así, la historia de Babilonia es como la de Asiria, de guerra y destrucción, de progreso y retroceso. Las complejidades de la historia de ambas naciones se están resolviendo lentamente por medio de las excavaciones y la interpretación de los registros encontrados. Las agresiones de los babilonios están entretejidas con la historia de los israelitas; entre esas están los tristes días de los cautivos, cuando miles de personas de Israel fueron

B

deportados al oriente para no regresar jamás. Hubo sucesos como los de los tres jóvenes en el horno de fuego (Dn 3). La localización de Israel lo convertía en un amortiguador de los choques entre Egipto y las potencias de Mesopotamia, Asiria y Babilonia, o un peón en las múltiples luchas entre las grandes potencias. Pero Babilonia emergió como la más odiada. Babilonia llegó a ser sinónimo de todo lo malo. Finalmente llegó a ser parte del imperio de Medos y Persas.

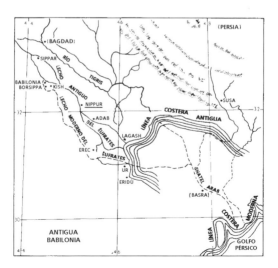

Babilónico, Cautiverio o Exilio

Período de la historia judía desde que fue llevado el pueblo a Babilonia en 597 y 586 a.C. hasta su regreso el año 538 a.C.

Balaam

(«¿El clan pone de manifiesto?») Un vidente, posiblemente de las cercanías de Carquemis, convocado por el rey Balac para pronunciar una maldición sobre Israel antes de su entrada a Canaán. En vez de hacerlo pronunció una serie de bendiciones (Nm 22-24). Hay varias referencias a Balaam tanto en el AT como en el NT; en el NT pasa a ser el profeta falso.

Ballena

La ballena es un mamífero marítimo que respira aire, de sangre caliente. El gran pez de Jonás no se identifica de otra manera. En el Mar Rojo y en el Mediterráneo se encuentran grandes tiburones, delfines y ballenas. El mítico dragón y el leviatán, o monstruo marino persisten en el folklore.

Bálsamo

Resina o goma aromática usada en la curación de heridas y en cosmética. También se usaba para embalsamar. No se ha identificado en forma definitiva.

Balsamera

La balsamera negra es común en Palestina. La palabra hebrea también se ha traducido sicómoro y bálsamo.

Bautismo

(Gr. «sumergir»; en el uso dado por Cristo: bautismo) Rito en que usa agua para simbolizar un acto de purificación. El simbolismo tiene por lo menos tres significados: ceremonia de ingreso en el pueblo de Dios, purificación simbólica de los pecados y venida del Espíritu Santo sobre el creyente.

Barac

(Heb. «relámpago») Hijo de Ahinoam, quien, animado por la profetisa Débora para tomar la dirección de la lucha contra los cananeos, tomó el monte Tabor con 10.000 hombres y, descendiendo velozmente de la montaña, derrotó el ejército de Sísara al pie del monte y lo persiguió hasta la ribera derecha del río Cisón, cerca de Megido. La victoria se celebró con un espléndido «cántico de Débora y Barac» (Jue 5).

Barba

Entre los hebreos era común la barba completa. Egipcios y romanos se la afeitaban. A los hebreos se les prohibía recortar la barba; quitarla o arrancarla era un insulto, salvo en el caso de los leprosos.

Antiguos tipos de barbas

Bartolomé

(Aram. «Hijo de Talmai») Uno de los doce apóstoles de Jesús (Mt 10.3; Mr 3.18; Lc 6.14; Hch 1.13). Se identifica con Natanael de Caná de Galilea (Jn, 1.45-51; 21.2) basado en que (1) Bartolomé no se nombra ni Natanael en los otros tres evangelios; y (2) Felipe se asocia con Bartolomé en los primeros tres evangelios y en Juan con Natanael.

Basán

Elevada meseta de 1600 a 2300 pies (más o menos 500 a 750 m) a veces considerada con coincidente con el territorio de Og.

Bedelio

No es seguro a qué se refiere, posiblemente una gema, pero algunos han sugerido una goma vegetal, otros una perla (Gn 2.12; Nm 11.7).

Beelzebú

(Gr. «Señor de las moscas») Nombre usado por Jesús y otros para el príncipe de los demonios. Era una divinidad pagana a quien se atribuía la supremacía entre los malos espíritus. Su ortografía correcta es Beelzebul.

Beehemot

(Heb. «Bestia grande») Nombre dado al hipopótamo, a veces una criatura mítica.

Bel

(Acad. «el Señor») El dios principal de Babilonia (Marduk), posiblemente la forma babilónica de Baal.

Belial

(Heb. «sin valor, inútil») Mentiroso, inicuo, persona malvada. No es nombre propio. Se usa asociado a otras palabras como "hijo de" o "hija de", "hijos de" con lo que se quiere expresar que se trata de una persona inútil.

Belsasar

Príncipe babilonio, corregente con su padre Nabonido y último rey de Babilonia.

Beltsasar

(«El líder del Señor») Nombre caldeo dado a Daniel por el eunuco de los príncipes.

Benaías

(Heb. «Yah ha edificado») Nombre de nueve personas en el AT, uno de los cuales era hijo de Joiada; fue valiente guerrero de David y comandante del ejército de Salomón.

Benjamín

Hijo menor de Jacob; Raquel, su madre, murió al darlo a luz. Su hermano José pidió que Benjamín fuera llevado a Egipto antes de dar ayuda a sus hermanos. La tribu de Benjamín era la menor de todas las tribus.

Berilo

Un silicato de berilo y aluminio; los cristales son generalmente verdes. La esmeralda es del mismo tipo.

Bermellón

Ocre rojo, piedra de hierro hematita; se usaba como esmalte y como pintura.

Bernabé

Sobrenombre dado por los apóstoles a José, un levita de Chipre, que fue enviado por ellos a Antioquía a confirmar la iglesia en ese lugar. Desde Antioquía fue a Tarso a buscar a Saulo y «lo trajo a los apóstoles», al que presentó a Pedro y Jacobo como nuevo convertido. Cuando lo llevó a Antioquía, permanecieron allí por un año y «enseñaron a mucha gente». Bernabé acompañó a Pablo en su primer viaje misionero, y en su viaje al Concilio de Jerusalén, y luego a Antioquía. Cuando al comenzar el segundo viaje misionero Pablo se negó a llevar a Juan Marcos, primo de Bernabé, los dos se separaron y Bernabé llevó a Marcos a Chipre. Pablo se refiere a él en 1 Co 9.6; Gá 2.13; Col 4.10. Tertuliano atribuye a Bernabé la autoría de la Epístola a los Hebreos. El Códice Sinaítico incluye una «Epístola de Bernabé», que fue considerada como canónica por muchos en la iglesia antigua, pero desde el comienzo del siglo segundo hasta la fecha no se ha reconocido (Hch 4.36, 37; 8.1; 9.1, 27; 11.19-27, 30; 13.2, 3, 9, 13; 14.12, 14; 15).

Betania

Aldea en la ladera oriental del Monte de los Olivos. Está a poco más de una milla (cerca de 2 ½ km) de Jerusalén, hacia el oriente. Actualmente se llama El-Aziriyeh.

Bet-azmavet

Aldea identificada con la moderna Hizmeh, 5 millas (unos 8 km) al NNE de Jerusalén.

Betel

(Heb. «casa de Dios») Se menciona con mayor frecuencia que cualquier otra ciudad, salvo Jerusalén. Está 14 millas (unos 22 km) al N de Jerusalén. Fue fundada antes de 2000 aC, fue destruida varias veces, a pesar de haber sido muy fortificada. Cerca de este lugar edificó su altar Abraham. El arca del pacto permaneció allí y el lugar se asocia con Jacob y Elías, y con el tabernáculo. Jeroboam la convirtió e lugar de idolatría.

Betesda

Una fuente, de posibles propiedades medicinales, cerca de la puerta de las ovejas o mercado de Jerusalén. No se conoce la localización precisa.

Belén

(Heb. «¿casa del pan?») Aldea muy antigua unas seis millas (10 km) al SSO, relacionada con David, Rut y varias otras personas del AT, y lugar de nacimiento de Jesús.

Betsán

(Heb. «casa de seguridad») Ciudad fortificada al extremo N del valle del Jordán, que se remonta al cuarto milenio a.C. Estaba en la ruta entre Egipto, Damasco y Arabia. Las excavaciones hechas allí han dado mucha información sobre la vida en los tiempos bíblicos.

Betsemes

(Heb. «casa del sol») Nombre de 4 lugares mencionados en el AT, uno de los cuales, 24 millas (casi 40 km) al O de Jerusalén, fue poblado por primera vez en el tercer milenio aC, como lo muestran las excavaciones del lugar.

Blanca

Dos blancas son un cuadrante. Véase Monedas

Bocina

(Lat. cornu) Un cuerno, instrumento de viento hecho de cuerno, madera o metal.

Boj

Arbusto que abunda en Palestina. Véase Pino.

Booz

Hombre virtuoso y rico de Belén que se casó con la viuda Rut la moabita para redimirla.

Bronce

Aleación basada en el cobre. Véase Cobre.

Bronce refulgente

La alusión es al color amarillo naranja un compuesto metálico, posiblemente una aleación de oro y plata, que en la actualidad se conoce como electrum. El color es el ámbar.

Buitre

Véase Águila.

Bul

Octavo mes en el calendario hebreo.

Caballo

El caballo fue introducido en el Cercano Oriente hacia mediados del segundo milenio a.C. Salomón llevó caballos a Israel. Su principal uso era en la guerra; los israelitas consideraban el caballo como un lujo pagano y símbolo de la dependencia en el poder físico y no en Dios. Sin embargo, el uso del caballo creció, no solo para carros de guerra, sino para el transporte. Los caballos de Israel los traían de Egipto.

Cabra salvaje

(Heb. «peludos») En algunos lugares se refiere a la cabra salvaje, pero en otros se refiere a demonios en forma de cabra, a quien ofrecían sacrificios los paganos. Estos demonios, se pintan como sátiros en los monumentos egipcios.

Cabras, cabríos

Aspecto importante de la riqueza pastoral del Cercano Oriente desde los tiempos bíblicos. Se criaban paralelamente a las ovejas, pero no junto a ellas. Las ovejas pastan en la hierba tierna y abundante; los cabríos buscan su alimento entre las ramas de los arbustos. La leche de cabra se prefiere por sobre cualquiera otra.

Cades, Cades Barnea

Algunas antiguas ciudades cananeas con el nombre Cades eran santuarios. Dos de ellas han sido identificadas.

Cadmoneos

(Heb. «orientales») Pueblo que habitaba el desierto siro arábigo entre Palestina y el Éufrates.

Ceneos

(Heb. «pertnecientes a los herreros») Tribu nómada o seminómada al estilo de los gitanos. Ya en
1300 a.C. hacían trabajos en metal en las zonas
donde se establecían. Perdieron su identidad poco
después del año 1000 a.C.

Caftor

Patria tradicional de los filisteos; Caftor se ha identificado con Creta. También se ha considerado posible que los filisteos tuvieron su origen en la zona
de los egeos y tenían suficiente contacto con los
cretenses para adoptar los trajes y las costumbres
de ellos.

Caifás

Sumo sacerdote judío del tiempo de Jesús. Su nombre era José y Caifás era su sobrenombre. Era yer-
no de Anás, sumo sacerdote (7-14 d.C.). Bajo el
dominio romano los sumos sacerdotes eran cam-
biados con frecuencia; pero Caifás retuvo su oficio
por largo tiempo. Fue designado por el predecesor
de Pilato, Valerio Graco, probablemente alrededor
del año 18 d.C., y no fue removido hasta después
de la deposición de Pilato por Vitelio, gobernador
de Siria, el año 36 d.C. La declaración que Caifás
era el «sumo sacerdote de ese año» ha llevado a algunos a suponer equivocadamente que por aquel
tiempo el sumo sacerdote era cambiado cada año.
La costumbre de Josefo de usar el título de sumo
sacerdote a todos los que habían ejercido el cargo y
aún vivían explica que Anás sea llamado así en Hch
4.6 y probablemente en Juan 18.19, 22.

Calabacera

La calabacera se usa para hacer chozas y emparrados en el Cercano Oriente, y podría ser la planta mencionada en Jonás 4. Algunos han sugerido el ricino. La calabaza silvestre daba un fruto venenoso. Durante una hambruna en Gilgal, los hombres se envenenaron con esto y apelaron a Eliseo por ayuda. El vino de Sodoma posiblemente era de calabaza silvestre.

Cálamo

Lirio aromático importado de un país lejano, posiblemente la India, y que se vendía en los mercados de Tiro, y todavía se lleva al mercado de Damasco desde Arabia. Su raíz es Aromática. Era el principal ingrediente del aceite sagrado de la unción.

Calcedonia

(Gr. Calcedon) Véase Ágata.

Caldea

Llanura de Babilonia o Baja Mesopotamia; región de pantanos y lagos. Una de sus grandes ciudades era Ur de los Caldeos.

Caldeos

El pueblo primitivo de Caldea eran pescadores y ganaderos y campesinos en contraste con la vida urbana. No estaban dispuestos a hacer ningún tipo de servicio militar y eludían los impuestos. A veces estaban bajo el control de Babilonia o Asiria; más tarde Caldea controló a Babilonia y un gran imperio que cambió gradualmente su nombre de Babilonia a Caldea. Durante este período, Caldea ayudó en la conquista de Nínive, la capital de Asiria. Después Caldea decayó y los caldeos fueron por el mundo como astrólogos, magos, lectores de la suerte y adivinos. Como tales se hicieron famosos en Egipto, Grecia y Roma. Su nombre aún se relaciona con la magia.

Calendario

Desde antaño los hebreos usaban el equinoccio como el comienzo del año nuevo, y señalaban el comienzo del año agrícola al principio de la primavera y el año civil o religioso en el comienzo del otoño. El mes lo relacionaban con el mes lunar y parece que se contaba desde el año nuevo primaveral aun cuando se usaba el año nuevo otoñal; el uso del mes lunar daba sólo 354 ¼ días en lugar de los necesarios 365 ¼ entre los sucesivos equinoccios de primavera, de modo que cada cierta cantidad de años había que producir un mes adicional. Al principio se dio a los meses nombres cananeos y finalmente, después del exilio, adoptaron algunos nombres babilónicos. Diversas personalidades han sugerido formas de ajustar el calendario en que los días agregados se ponen a veces al principio del año, otras veces al final. Aparte de eso la secuencia de los doce meses no se alteraba y corresponde aproximadamente con el calendario moderno en la siguiente forma: Aviv o Nisán, abril; Ziv o Iyyar, mayo; Siván, junio; Tammuz, julio; Ab, agosto; Elul, septiembre; Etanim o Tisri, octubre; Bul o Marchewan, noviembre; Quisleu, diciembre; Tebet, enero, Shebat, febrero; Adar, marzo.

Calvario

Lugar de la crucifixión. La tradición lo pone donde se encuentra La Iglesia del Santo Sepulcro. Se han sugerido diversos lugares en Jerusalén.

Cam

1. Nombre del segundo hijo de Noé.

2. Ciudad al E del Jordán, atacada por Quedorlaomer. Tel-Ham, la ruina de la antigua ciudad está cerca de la moderna Ham en el Wadi er-Rejeilah.

3. Sinónimo poético de Egipto usado varias veces en los Salmos.

Cama

La gente más pobre de Palestina dormía sobre el suelo desnudo, envueltos en sus túnicas, o sobre un colchón o acolchado que se enrollaba y guardaba durante el día. Los ricos usaban una estructura de madera cubierto con colchón, a modo de diván durante el día y cama de noche; los más lujosos tenían catres tallados con incrustaciones de marfil. La cama de Og (Dt 3.11) era de hierro, probablemente una especie de sarcófago.

Camaleón

Animal con aspecto de lagarto.

Cambistas

Los cambistas del templo se sentaban en el atrio de los gentiles, y no se les permitía estar dentro de los recintos interiores del templo. Allí actuaban como banqueros, y daban dinero judío a cambio del dinero extranjero, puesto que sólo se podía usar dinero judío para pagar el tributo del templo. La práctica de los cambistas debe de haber sido tan mala como para justificar que nuestro Señor los expulsara, «que trastorno las mesas de los cambistas»

Camellos

Camello

El camello, generalmente el árabe, de una joroba, ha sido bestia de carga y medio de transporte en el Cercano y Medio Oriente por más de tres milenios. Existe el camello más lento, de carga y el rápido dromedario. El camello de dos jorobas se ve con menos frecuencia. El camello puede andar sin beber agua durante varios días, y su pie plano le hace capaz de viajar sobre la arena. En los tiempos bíblicos, las caravanas comerciales que cruzaban en desierto eran algo común; durante las guerras los camellos transportaban los abastecimientos. Se usaba la leche de camello, y su pelo se tejía para hacer telas usadas en tiendas y túnicas como la de Juan el Bautista.

Canaán, cananeos

C

(«¿Hurritas?» «¿cañas?» «¿rojo púrpura»?) Canaán comprendía el territorio ubicado entre el río Jordán y el mar, y la porción costera de Siria. Los cananeos eran un pueblo avanzado, con idioma escrito de 80 caracteres del 2000 a.C. aproximadamente. Era una sociedad agrícola que probablemente incluía mercaderes y marineros. Los hebreos aprendieron de ellos la escritura. A veces se sentían atraídos por sus dioses, se casaban entre cananeos e israelitas, les hacían guerra y se mezclaban, aparentemente en el siglo 14 a.C.

Candelero

El candelero de los tiempos bíblicos se llama adecuadamente candelabro. Muchos se han encontrado en las excavaciones. Los candeleros más antiguos eran vasijas de arcilla para aceite de oliva, en la cual se ponía una mecha de hilos torcidos. Ya en el año 3000 a.C. se apretaban los bordes dándole forma de labios para retener las mechas de hilos. El templo de Herodes tenía un candelero de siete brazos, llamado Menora, con un vasito de aceite en la parte superior de cada brazo.

Cantar

El canto era parte del servicio del templo. El pueblo consideraba esa música popular como cantos para el trabajo, canciones para bodas y otras festividades, y probablemente sabían canciones de la fertilidad que había en los pueblos entre los cuales vivían.

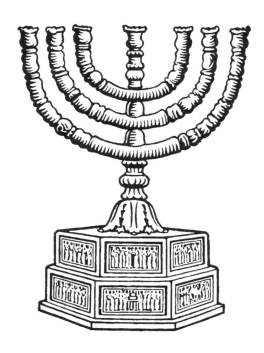

El candelero de siete brazos, representando el que fue sacado del
Templo de Herodes durante la toma de Jerusalén en 69-70 d.C.

Cantares de Salomón

Sin par poema del AT que además se conoce como «Cantar de los Cantares» o simplemente «Cantares». Esta colección de cantos de amor siempre ha sido un enigma y se han ofrecido muchas interpretaciones. Esta relación de amor podría significar la relación entre Dios y su pueblo, o la de Cristo y su iglesia.

Cantos Graduales

Título que aparece en 15 salmos. Se cree que las gradas separaban el atrio de los hombres del atrio de las mujeres en el templo. Los levitas, parados en esas gradas cantaban esos salmos. También es posible que fueran los salmos que cantaban los peregrinos al ascender hacia Jerusalén, por lo que también se les llama Cantos del Ascenso.

Caña

Planta que se produce en zonas pantanosas y a la orilla de los ríos.

Capa, capote

Originalmente una tela larga de tejido grueso que se ponía sobre los hombros. Después se hacía en forma más elaborada, de materiales más finos, confeccionada a medida y aun con bordados. Un acreedor podía tomarle en prenda esta vestimenta, pero no la ropa interior. A veces se les llamaba túnica, manto, vestidura.

Capadocia

Región al occidente del Éufrates, al S del Mar Negro, al N de las montañas Tauro, al oriente de Galacia.

Capernaum

Las excavaciones han demostrado que Capernaum es la presente Tel-Hum, en la costa NNO del Mar de Galilea.

Carbunclo

Piedra roja, granate o rubí. Errores de traducción en algunos pocos casos hacen que la piedra sea verde, como la esmeralda o el berilo.

Carmelo

(Heb. «huerto», «hortaliza») Cabo en la costa de Palestina. Al pie del Carmelo está la moderna ciudad de Haifa.

Carmesí, escarlata

Material para teñir de diversos matices de rojo, extraído de insectos de cochinilla. Véase Púrpura.

Carnero montés

Es el íbice de Sinaí. La palabra hebrea casi siempre se traduce carnero montés, salvo en Pr 5.19, donde la forma femenina se traduce cierva. Otra palabra, akko, aparece sólo en Dt 14.5, donde se traduce carnero montés. El íbice de Sinaí es un animal muy hermoso, de color de la gamuza, con dos cuernos largos curvos, más pequeño y delgado que las especies de los Alpes y del Himalaya.

Carquemis

Antigua e importante ciudad sobre el río Éufrates, objetivo en la guerra entre Asiria y Egipto. Las excavaciones han revelado su gran antigüedad. Su nombre actual es Jerablus.

Carreta

Las cargas las transportaban en las espaldas de

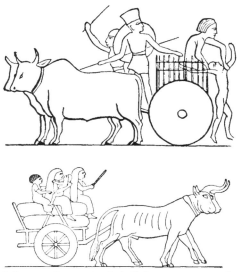

Arriba: una antigua carreta egipcia. Abajo: una carreta con mujeres capturadas; de Laquis

hombre o lomo de animales; pero se usaba un carro, probablemente con dos ruedas sólidas, para el transporte de grano y otros productos.

Carro

Los carros con rueda en forma de disco existían en

Mesopotamia en el cuarto milenio a.C. Las primeras ruedas con rayos aparecieron en el tiempo de Hamurabi. El vehículo tenía dos ruedas era cerrado en el frente y abierto por atrás, preparado para flechas y hachas de combate. Tenía una tripulación de dos, un guerrero y el conductor. Hacia 1800 aC, el carro era la más poderosa de las armas. Con el carro los hicsos conquistaron la mayor parte de Siria y Egipto. Había también carros de oro y plata; otro los pintaban y decoraban por placer y para exhibición por la realeza y los ricos. Cuando los hebreos entraron en Canaán, los cananeos usaban carros de hierro. Los hebreos mismos no tuvieron carros antes del tiempo de David. Intercambiaban grano por caballos con los egipcios.

Relieve asirio de una carrosa real.

Casa

(Heb. beth, común en nombre compuestos de lugares, como Betel). La casa del nómada era la tien-

da. Los hebreos establecidos generalmente
habitaban en una construcción de un piso con pocas y pequeñas ventanas. Se construían con ladrillos de barro cocidos al sol con techo plano. En ella
hallaban refugio la familia y sus animales, en que
una tarima en posición vertical servía como división. Pero, salvo en el tiempo frío, la familia pasaba
el día en el campo o en la azotea, donde también
podían dormir.

Casia

Una especie de canela inferior en calidad.

Castaño

Árbol alto y majestuoso que crece cerca del agua
en Palestina. Sus flores y los frutos son de forma
globular. Véase Plátano.

Cautividad

Véase Exilio

Cebada

Cultivada abundantemente en Palestina y en los
países vecinos desde la más remota antigüedad.

Cedro

El cedro del Líbano también crece en los montes
Tauro y Atlas. Era el rey de los árboles, símbolo de
grandeza, fuerza, altura y de continua expansión.
Su madera se usó en los sucesivos templos de Jerusalén y en los palacios de Nabucodonosor.

Cedrón

Valle al oriente de Jerusalén, a través del cual todavía corre un arroyo intermitente. En algún tiempo
las aguas de un manantial, Gihón, se dejaban co-

rrer a lo largo de este valle. El agua solía usarse para el regadío.

Cena del Señor

(1 Co 11.20), llamada también «partimiento del pan» (Hch 2.42), «copa de bendición», «comunión de la sangre de Cristo», y «del cuerpo de Cristo» (1 Co 10.16), y «mesa del Señor» (10.21). Es una santa ordenanza, que Cristo instituyó en la última cena pascual con sus discípulos, la noche anterior a su muerte, y la designó para observarla perpetuamente en memoria de Él. En ella se «anuncia hasta que Él venga» mediante la distribución y la recepción del pan y el vino. Así como la Pascua conmemoraba la liberación de Israel de la casa de servidumbre, y su elección para ser el pueblo del pacto, la cena del Señor marca el establecimiento de un nuevo pacto en su sangre. Su muerte es el fundamento de una nueva relación entre la Iglesia y Dios, y en su pueblo, de la comunión mutua.

Cencrea

Puerto, 7 millas (más o menos 11 km) al E de Corinto.

Centeno

Este es un grano de climas más fríos que Palestina. Ahora se cree que es una especie de trigo que se da en Europa.

Ceñido de lomos

Galgo, sabueso. Se muestra en esculturas asirias; el significado del hebreo de Pr 30.31 es incierto, pero este perro puede haber sido conocido en Palestina.

Cerdo

El más inmundo y contaminante de los animales, para los hebreos.

Cesarea

Ciudad fundada con el nombre de Estratón en el siglo cuarto aC, en la costa de Palestina 23 millas (unos 37 km) al S del Monte Carmelo. Fue obsequiada a Herodes por Augusto; Herodes le cambió el nombre en honor a Augusto le puso Cesarea, y la reedificó como puerto de mar.

Cesarea de Filipos

Nombre dado por Filipos el tetrarca a Paneas en la fuente principal del Jordán, al pie del Monte Hermón; ahora es la aldea de Banias.

Ciervo

Corzo, con hábitat en Siria, casi extinguido en Palestina , debe de haber sido muy común en la antigüedad. Los ciervos aparecen grabados en monumento en Egipto y en Asiria. En cavernas del Líbano se han hallado huesos del ciervo rojo.

Címbalo

Eran usados de a pares, y solamente por hombres como instrumento señalizador y como acompañamiento para las trompetas y la lira.

Cineret

Nombre antiguo del Mar de Galilea. Además, nombre de un distrito en Neftalí y de una ciudad fortificada en ese distrito, que ahora se llama Tel el-Oreima. En el lugar se han realizado excavaciones arqueológicas.

Ciprés

La palabra hebrea ha sido traducida de diversas formas como alerce, pino, boj, olmo; muchas veces identificado como la encina. Se traduce ciprés debido a que está siempre verde.

Circuncisión

Acción de cortar circularmente el prepucio. La circuncisión era una práctica muy difundida; entre los vecinos de los israelitas sólo los filisteos no la practicaban.

Ciro

Rey persa, fundador de la dinastía de los Aqueménidas. Anunciado por Isaías, promulgó el retorno de los judíos a Jerusalén.

Cisón

Río que riega el valle de Jezreel y la llanura de Aco, y desemboca en el Mediterráneo.

Cítara

Instrumento semejante a la lira, con 11 ó 12 cuerdas.

Ciudades

Había mucha ciudades en la antigüedad. La fechación con carbono 14 muestra un muro y fortificación en Jericó antes de 7000 u 8000 a.C. Las ciudades generalmente tenían aldeas alrededor de ellas, cuyos habitantes se refugiaban al interior de los muros de la ciudad en tiempos de peligro. La población de Ur de los Caldeos, ciudad natal de Abraham, tenía una población estimada en 250.000 a 500.000 habitantes.

Ciudad de refugio

En las civilizaciones antiguas los crímenes violentos solían ser vengados por la misma persona perjudicada o por un familiar. Pero la persona acusada podía tener la seguridad de un juicio conforme a las leyes de la época y del país si podía llegar a una ciudad de refugio. En Palestina había seis, tres de ellas al otro lado del Jordán. En Canaán las ciudades eran Cedes en Galilea, Siquem en Samaria y Hebrón en Judea. Las ciudades de Transjordania eran Bezer, Ramot de Galaad y Golán. La ley bíblica limitaba el uso de la ciudad de refugio a los homicidios accidentales.

Cizaña

(Gr. Zizanion) Maleza que tiene el aspecto parecido al del trigo. Jesús la usó para representar a los no creyentes (hijos del malo).

Cobre, bronce

El nombre «cobre» deriva de Chipre, la famosa productora de cobre en el mundo antiguo. Los egipcios, los edomitas y otros extraían el cobre en el Arabá, la zona entre el Mar Muerto y el Golfo de Aqaba; se han identificado las minas de cobre de Salomón. En las excavaciones en la Tierra Santa se han encontrado algunos artículos de cobre. Se han encontrado más artículos de bronce; el bronce es una aleación de cobre y estaño. Los fenicios introdujeron el mineral de estaño como artículo comercial, y los hebreos sabían el trabajo de fundición y metalurgia. No se ha encontrado el tipo de bronce hecho de cobre y zinc, y parece que no se fabricaba;

tampoco se ha encontrado depósitos ni minas de tajo abierto.

Colosenses

La Epístola de Pablo a los Colosenses fue escrita por Pablo, cuando estaba prisionero en Roma. La dirige a los cristianos en Colosas, Asia Menor. Pablo les escribe para animarles con la verdad real: que por medio de Cristo tienen el amor eterno de Dios.

Columna de nube y de fuego

La nube de día y el fuego de noche guiaron a los israelitas a través del desierto. La imagen podría ser la de las lámparas del templo de Salomón, que ardían con llama y humo.

Comadreja

(Heb. «arrastrar, deslizar, escondrijo») Las comadrejas y las mofetas son abundantes en Palestina, además de otros animales del mismo género. La comadreja se incluye en la lista de animales inmundos.

Comidas

En Palestina había dos comidas, una al final de la mañana y la otra, la principal, en la noche.

Comino

Semilla aromática de una planta umbelífera, que se usa como condimento.

Conejo

(Heb. «que se esconde») Animal pequeño, a veces llamado conejo de las rocas, o tejón de las rocas. Se prohíbe comerlo.

Consolador

Un paracleto. Persona que está junto a uno para ayudar, aconsejar y fortalecer; un abogado. En la Biblia se dice que el Espíritu Santo es el Consolador.

Coral

El coral rojo del Mediterráneo, usado para cuentas y ornamentos, era un artículo comercial considerado piedra preciosa.

Corbán

Palabra hebrea, que se traduce ofrenda u oblación, de donde se refiere a cualquier artículo o posesión dedicado solemnemente a Dios. Nuestro Señor reprendió a quienes adoptaban este subterfugio para eludir el necesario apoyo a sus padres.

Corintios

Las Epístolas de Pablo a los Corintios fueron escritas desde Éfeso alrededor del año 57 d.C. Los cristianos de Corinto encontraban difícil vivir como sabían que debían hacerlo y le preguntaron a Pablo acerca de sus dificultades. En Primera a los Corintios, Pablo responde sus preguntas, le señala lo que han hecho en forma incorrecta y los anima con su mensaje. «Vosotros sois de Cristo». Segunda a los Corintios contiene el mensaje de Pablo de acción de gracias y amor. Luego pasa a describir sus tribulaciones al viajar predicando el evangelio de Cristo.

Corinto

Ciudad en el sur de Grecia, 40 millas (unos 65 km) al SO de Atenas. Cencrea era su puerto oriental. Destruida por los romanos en el año 146 aC, fue

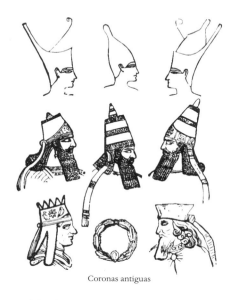

Coronas antiguas

reedificada por Julio César en el año 46 aC, y fue poblada por una colonia de veteranos y otros. Situada en el istmo, que siempre fue parte de la ruta comercial entre Asia e Italia, llegó a ser la metrópolis de la provincia romana de Acaya, el lugar de reunión de todas las fuerzas sociales de la época y centro de libertinaje, en su mayor parte en la forma de religiones y ritos paganos. La ciudad era el lugar de Aquila y Priscila, que fueron grandes amigos de Pablo, y ayudantes en el evangelismo en Corinto y Éfeso; Pablo los visitaba con frecuencia.

C

Cormorán

(Heb. qaat; shalak) Ave no identificada positivamente. Véase Pelícano, Somormujo.

Cortina

Véase Algodón.

Cosecha

Véase Siega, Fiesta de la

Cosméticos

Para contrarrestar el calor seco del clima se usaban los ungüentos a los que se agregaba perfumes. También se usaba la pintura para los ojos, generalmente negra, y hay referencias dudosas al henna usado en algunas culturas no solo como perfume sino como tintura para el pelo, la palma de las manos, la planta de los pies y las uñas.

Cota de malla

Armadura sin mangas hecha de (1) piel o cuero grueso; o (2) de pequeñas placas de hierro o bronce cosidas sobre el cuero o atadas en corridas.

Creación

Se han descubierto tablillas cuneiformes con diversos relatos de la creación, que eran conocidos en Babilonia. Uno de ellos en la forma de un extenso poema, se asemeja en varios aspectos al relato de Génesis 1. Comienza con la afirmación que en el principio todo era caos de agua. Entonces se creó el firmamento superior y el bajo firmamento, y luego comenzaron a existir los dioses. Después de eso

viene un largo relato de la lucha entre Bel-Marduk
y el Dragón del caos, «la serpiente del mal», con sus
aliados, el poder de la anarquía y las tinieblas. Termina con la victoria del dios de la luz, que creó el
mundo presente por el poder de «su palabra». La
quinta tablilla o libro describe la designación de los
cuerpos celestiales como señal para las estaciones y
la sexta (o quizás la séptima), la creación de los animales y reptiles.

Creta

Isla en el Mediterráneo al SE de Grecia, centro de la
civilización minoica en el tiempo de Abraham. En
su viaje a Roma Pablo pasó por sus costas. Allí había una colonia judía, y además se estableció un
grupo de cristianos. Sus habitantes no tenían buena
fama (Tit 1.12)

Cristo

En el AT se predice frecuentemente la venida de
un Cristo o Mesías; la más notable de ellas quizás
sea Is 9-11. Iba a ser de la casa de David; con su venida se establecería definitivamente la justicia y el
derecho. Esto no fue aceptado universalmente;
hubo muchos incrédulos cuando Jesús nació, que
siguieron siendo incrédulos a lo largo de su vida.
Los creyentes lo recibieron como Dios Hijo, segunda persona de la Trinidad, el Cristo (Ungido), el
Mesías, el que había sido anunciado: Jesucristo. La
plena aceptación de Él como Hijo de Dios influyó
sobre muchos que dudaban, y la incomparable belleza y poder de su predicación ha influido constan-

temente sobre un número creciente de personas en toda la humanidad.

Crisólito

(Gr. Crysolitus) Es una gema amarillo verdosa, una variedad de la olivina, un silicato ferromagnético. En la antigüedad se aplicaba el nombre al topacio oriental, variedad amarilla del corindón.

Crisopraso

(Gr. Crysoprasos) Variedad verde manzana de la calcedonia.

Crónicas

Los dos libros de las Crónicas tienen mucho en común con los libros de Samuel y Reyes. Contienen tablas genealógicas desde Adán hasta la muerte de Saúl, el reinado de Salomón, la división del reino, el exilio y termina con el decreto de Ciro.

Cronología

Es dudoso que los autores de los libros de la Biblia estuvieran conscientes de escribir la historia como se la conoce en el presente. El calendario se desarrolló a medida que ellos se desarrollaron. Sabían de estaciones más que de días, y de períodos de guerra o de paz, o de la sucesión de reyes más que los años. En consecuencia, es difícil en el AT y en el NT ordenar todo claramente por años. Las narraciones de entonces y los gobiernos contemporáneos que se revelan continuamente por medio de las excavaciones se comparan constantemente con los vacíos e incertidumbres del registro bíblico. Es posible que con el tiempo tengamos una cronología completa.

Cruz

Como medio de infligir la muerte de un modo cruel y vergonzoso, la usaban los fenicios, de quienes pasó a los griegos y romanos. Eran dos vigas de madera clavadas una contra la otra en forma de X, T o ✝. La última, más conocida por nosotros en el arte, era con toda probabilidad la forma de la cruz de Cristo.

Cuadrante

Véase Monedas

Culantro

Planta anual, con semillas que se usan como especias.

Cus, cusita

1. Región al sur de Egipto, Etiopía; de allí eran los cusitas, los Kasitas eran de Babilonia, y se llamaba así también una tribu madianita.

2. Rey de Aram.

Cruces

C

D

Dalila

Amada de Sansón. Los filisteos la sobornaron para que averiguara el secreto de la fuerza de Sansón. Cuando lo averiguó, informó a los filisteos.

Damasco

Ciudad principal de Siria. La primera mención de Damasco está en una inscripción fechada el siglo 16 a.C. Pretende ser el sitio más antiguo que ha permanecido continuamente ocupado por una ciudad. En la actualidad es la capital de Siria. En la antigüedad era famosa como centro de convergencia de las caravanas. La ciudad fue capturada y saqueada muchas veces por Asiria, Babilonia, David de Israel, Persia, Alejandro el Grande y Roma.

Dan

1. Quinto hijo de Jacob y tribu a la que dio origen.
2. Ciudad en el norte de Palestina hacia donde emigraron los Danitas. Jeroboam estableció allí un culto idolátrico.

Daniel

(Heb. «Dios ha juzgado») Nombre de tres personas en el AT, uno de los cuales es el autor del cuarto libro profético. Fue llevado cautivo a Babilonia, donde se le preparó en el palacio del rey. Entre otras proezas, interpretó los sueños del rey y la escritura en la pared, cuidó a sus amigos, Sadrac, Mesac y Abed-nego, y luego fue echado en la cueva de los leones por negarse a reconocer a Darío el medo como dios. Fue salvado por Dios, y posteriormente Darío lo hizo gobernador de una provincia.

Daniel, Libro de

Libro del Antiguo Testamento. Se divide en dos partes. Los primeros seis capítulos cuentan de la fe de Daniel y la grandeza de su Dios por sobre los ídolos de Babilonia. Los últimos seis capítulos contienen cuatro visiones de Daniel y sus interpretaciones.

Darico

Moneda de oro acuñada por Darío rey de Persia. Véase Monedas.

Darío

Darío I y Darío II fueron reyes de Persia.

David

(Heb. «Amado») Segundo rey de Israel y el más grande de todos. Fue el hijo menor de Isaí, nacido en Belén, donde pasó su niñez y juventud como pastor de ovejas. Cuando aún era muy joven mató al gigante Goliat de los filisteos, y fue admitido en la corte al servicio del rey Saúl, cuya melancolía aliviaba con su hábil ejecución del arpa. Mical, hija de Saúl fue su esposa, y el hijo de Saúl, Jonatán, estableció con él una amistad para toda la vida. Huyendo de los celos mortales de Saúl, escapó primero a tierra de los filisteos. Luego en la cueva de Adulam reunió una banda de 400 hombres (después fueron 600), trató de eludir a Saúl moviéndose de un lugar

a otro en el sur del país. Por seis meses vivió en Si-
clag, como vasallo del rey de Gat. Después de la
muerte de Saúl y Jonatán en Gilboa, David reinó
sobre Judá desde Hebrón durante siete años y medio, y después de la muerte de Isboset, hijo de Saúl,
reinó sobre todo Israel. Tomó de los jebuseos, la
fortaleza de Jebús, en el monte Sion (la «ciudad de
David») y allí construyó un palacio con una tienda
al lado para guardar el Arca del Pacto hasta que su
sucesor construyera el templo. Además de su guar-
dia de 600 gibborim (o «valientes»), ahora en gran
medida con el reclutamiento de extranjeros, especialmente ceretos y peletos (probablemente cretenses y filisteos), tenía 288.000 hombres de guerra,
de los cuales 24.000 estaban sobre las armas cada
mes del año. Varios años de guerra con éxito hicieron de David el amo de todo el territorio desde el
Éufrates hasta la frontera de Egipto. En la última
parte de su reinado de 32 años en Jerusalén, su hijo
favorito, Absalón, se rebeló en su contra. Su muerte causó gran pesar a David. Poco después de su
muerte, puesta en diversas fechas, 1015, 980 y 977
aC, otro hijo, Adonías, por medio de una revuelta
trató de frustrar la coronación de Salomón como
sucesor de David.

Aunque era el héroe de su pueblo, David se
negó a levantar su mano contra «el ungido de Jehová» aun cuando fuera en defensa propia. En contraste con Saúl, él fue el «hombre según el corazón
de Dios». Una confianza heroica en Dios le sostuvo
en todas las dificultades de la vida y de su reinado.

D

Hizo justicia y juicio hacia todo su pueblo, y estableció la monarquía sobre una sólida base civil y religiosa. La mancha más grande contra este personaje fue el mal que le hizo a Urías, cuya esposa deseó, y dio lugar a su asesinato indirecto al enviarlo a la batalla y ordenar que le dejaran solo en primera fila. De estos pecados se arrepintió con mucha tristeza y amargura. La última canción del "dulce cantor de Israel" expresa el espíritu de su vida y de su reinado. En los días más oscuros de la historia de la nación, los hombres sentían que las promesas de Dios sólo se cumplirían bajo otro David. La memoria de las "misericordias firmes a David" y el "pacto eterno" que Dios hizo con él mantuvieron viva la esperanza en Aquel que sería dado por "testigo a los pueblos, por jefe y maestro a las naciones".

Débora

1. Ama de Rebeca y compañera de toda su vida (Gn 35.8)

2. Juez de Israel. Se levantó para oponerse a la opresión cananea de Israel, y en Jue 5.2-31 se encuentra su canto de victoria sobre Canaán. Es uno de los poemas hebreos más antiguos en existencia, fechado desde el siglo 12 aC, y se le ha descrito como uno de los de mayor excelencia.

Decápolis

Federación de 10 ciudades griegas en Palestina, algunas de la cuales estaban a lo largo de las rutas comerciales de la época, varias de las cuales fueron fundadas por soldados del ejército de Alejandro el Grande. La mayoría de ellas han sido identificadas, y en algunas se han hecho extensas excavaciones.

Dedicación, Fiesta de la

La principal fiesta de Dedicación era la de reconsagración del templo después de su profanación por los griegos. Es una celebración de 8 días llamada en la actualidad Hanukah, a mediados de diciembre. A veces se llama Fiesta de las Luces.

Desierto

En la Escritura el desierto puede ser un terreno abierto, sin cultivar, medianamente adecuado para pastos, y también una zona árida o un terreno agreste y rocoso. El desierto de Judea, el Jesimón, queda entre el Mar Muerto y el distrito de Hebrón. El «desierto de la peregrinación» es la parte N de la península de Sinaí, cuyo parte occidental se llama desierto de Sur y la oriental, «desierto de Parán».

Deuteronomio

Continuación de Números. Se narran tres discursos y dos poemas dados por Moisés en Moab antes de cruzar el Jordán, en que da los diez mandamientos al pueblo escogido. Un pequeño relato en tres de los capítulos cuenta de los últimos días de Moisés.

Día

La palabra puede significar el tiempo desde la salida a la puesta de sol; o el día civil de 24 horas, de salida del sol a salida del sol, o de una puesta de sol a otra; o en sentido poético de «en el tiempo de» como en la frase «en el día de».

Diaconisa

Mujeres especialmente encargadas del cuidado de mujeres pobres o enfermas. Las viudas pueden haber constituido un caso especial.

Diácono

(Gr. «siervo») En el NT, nombre de un oficio en la congregación, mencionado por primera vez alrededor del año 63 d.C. Su trabajo era principalmente visitar y aliviar a los pobres. La iglesia primitiva designaba siete en cada iglesia, y les encomendaba principalmente el cuidado de los enfermos y de los pobres.

Día de la Expiación

Véase Expiación, Día de la

Día esclarezca, lucero de la mañana

La «palabra profética» en 2 P 1.19.

Diamante

No se sabe exactamente lo que se quiere decir la palabra hebrea así traducida, pero es algo impenetrablemente duro (Ez 3.9; Jer 17.1; Zac 7.12).

Diana

Diosa de los efesios. Es el nombre latino de esta antigua diosa. Unos 300 años después que los primeros colonos griegos llegaron a la zona, habían adoptado la diosa madre o de la fertilidad como su diosa y la llamaron Artemisa. Hacia el año 800 aC, habían comenzado la construcción de un magnífico templo en su honor. Su culto se difundió bastante y se realizaba con rituales muy elaborados. Se cree que el ídolo principal, probablemente un meteorito, estaba en el templo en Éfeso.

Diáspora, Dispersión

En el tiempo del Cautiverio, el pueblo judío fue dispersado extensamente y se estableció permanentemente en Mesopotamia, particularmente en Babilonia, y en Alejandría, Asia Menor y a lugares tan distantes como Cirenaica.

Dibón

Ciudad moabita 13 millas (unos 20 km) al E del Mar Muerto, 3 millas (unos 5 km) al N del río Arnón. La

Moneda de Apamea con una representación del arca de Noé.

famosa piedra moabita fue hallada en Dibón. Relata una victoria moabita sobre Israel en el tiempo de Omri.

Diez Mandamientos

Son las condiciones del pacto de Jehová con los israelitas, y cubren las prohibiciones en las relaciones del hombre con Dios y con su prójimo.

Diluvio

Entre las tribus nativas de América, de las islas del Pacífico, Australia y los pueblos primitivos de Me-

Tableta de Nippur, Babilonia, que contiene una de las historias más antiguas que se conoce del diluvio y la caída del homre.
El idioma es sumerio.

sopotamia, hay muchas historias de diluvios semejantes a la del diluvio de los tiempos de Noé. Según
se relata en Gn 6-9, Dios halló que la humanidad
que había creado se había corrompido, y por ello
decidió su destrucción. Noé era hombre justo e iba
a ser perdonado; recibió instrucciones para construir un arca, y llevar en ella ejemplares de cada especie animal, con provisiones, con su esposa y sus
tres hijos y las esposas de sus tres hijos. Dios cerró
el arca y comenzó a llover e inundó toda la tierra.
Algún tiempo después se detuvo la lluvia. Noé envió sucesivamente un cuervo y una paloma para
saber si las aguas habían bajado su nivel. En su tercer vuelo la paloma no regresó. Noé supo entonces
que el ave había encontrado un lugar donde posar-
se, y abrió el arca. La afirmación bíblica es que el
arca se detuvo sobre el monte Ararat. A los arqueólogos se les ha negado la posibilidad de buscarla,
dado que el Ararat está dentro del territorio sovié-
tico.

Dinero

Véase Monedas

Dispersión

Véase Diáspora

Divorcio

El nombre hebreo que se traduce marido, baal, significaba «dueño», y en el primitivo Israel la disolu-
ción del matrimonio podía producirse por la
voluntad del marido. En Dt 24.1-4 se decreta que el
marido debe dar a la mujer desechada una carta de
divorcio, documento que la exime de toda recla-

mación de parte de él y la deja en libertad de volver a casarse.

Nuestro Señor enseña que el matrimonio está basado en la ordenanza de Dios en la creación, y hace que el vínculo entre el hombre y su mujer sea indisoluble, y que la ley mosaica acerca del divorcio era una concesión a la dureza natural del corazón, y no correspondía con su idea divina (Mt 19.4-9; 5.31, ss.). El divorcio era permitido sólo en caso de infidelidad (Mt 5.32; 19.9).

Dotán

Lugar donde José encontró a sus hermanos. Ahora se llama Tel Dota. Las excavaciones muestran que había sido una ciudad desde aproximadamente 3000 a.C. hasta 300 ó 400 d.C.

Dracma

Unidad monetaria de plata en Grecia; era una moneda de plata. Véase Monedas.

Dragón

Parece haber sido un monstruo fabuloso de fuerzas extraordinarias. Se le llama leviatán, monstruo marino, Rahab (sólo en pasajes poéticos) y serpiente marina. Véase Ballena.

Dromedario

Una raza más fina y más rápida de camello, que difiere del camello ordinario como el caballo de raza difiere del caballo de tiro. Según un proverbio árabe, «los hombres son como los camellos-ni siquiera uno en cien es un dromedario».

Duelo

Sinónimos lloro, lamento. Las señales de duelo o

tristeza profunda eran: rasgar las vestiduras exteriores, usar saco o silicio, echarse tierra o cenizas sobre la cabeza, cortarse o raerse los cabellos y la barba, ayunar y en algunos caso, hacerse cortaduras en las manos y el cuerpo.

Ebal

1. Hijo de Sobal (Gn 36.23).

2. Montaña al norte Siquem y frente al monte Gerizim (Dt 11.29).

3. Hijo de Joctam llamado tambi'en Obal (1 Cr 1.22).

Ébano

Corazón de madera de diversas variedades de ébano, importadas de Ceilán, del S de la India y posiblemente de Etiopía. Egipcios, babilonios, griegos, romanos y fenicios hacían muebles de ébano con incrustaciones de marfil. También los ídolos se tallaban en ébano.

Eclesiastés

El libro de Eclesiastés contiene los escritos de un judío rico que sufrió los pesares y desilusiones de la vida y ahora trata de descubrir el verdadero valor y sentido de la vida por medio de Dios. El autor se llama a sí mismo «el Predicador», «hijo de David» y «rey en Jerusalén». Pero no es del todo seguro si este era Salomón o algún hijo posterior de David.

Edén

La raíz de la palabra hebrea es incierta, y la localización de Edén no se ha determinado. El lugar más favorecido por las hipótesis es la llanura entre los ríos Éufrates y Tigris.

Edom

(Heb. «región roja») Edom se extendía desde el arroyo de Zered unas 70 millas (unos 110 km) en dirección al golfo de Akaba, con unas 15 millas (unos 18 km) de ancho. Las excavaciones muestran que allí hubo una civilización muy activa entre los siglos 23 y 20, después de la cual sus únicos habitantes eran beduinos nómadas. En el siglo 13, llegaron los edomitas, pueblo semita. Estuvieron en guerra por mucho tiempo con los israelitas; David los venció, con lo que hizo posible el comercio con Arabia y logró el acceso a las minas de cobre de Edom. Más tarde, Amasías y su sucesor Azarías nuevamente conquistaron el territorio. Después del exilio, los edomitas se mudaron a Palestina. Finalmente Roma conquistó toda el área.

Efesios

La Epístola de Pablo a los Efesios, escrita hacia el año 62 d.C., parece ser una carta general para las iglesias del Asia Menor. Pablo presenta el propósito eterno de Dios de salvar a los hombres por la fe en Cristo; ha sido derribada la pared intermedia de separación entre judíos y gentiles por medio de la cruz de Cristo. Pablo nos exhorta a vivir dignamente, como cristianos verdaderos.

Éfeso

Famosa ciudad de Lidia, en Asia Menor, y capital del Asia proconsular, es notable por su templo a Artemisa o Diana y su gran teatro. Fue visitada por Pablo en su segundo viaje, cuando dejó a Aquila y Priscila allí para llevar a cabo la obra, y en su tercer viaje, cuando Demetrio levantó un alboroto en su contra.

Efod

Pieza de la vestimenta sacerdotal.

Efraín

(Heb. «fructífero») El más poderoso de las tribus del norte, de Israel, que se extendía entre Benjamín y Manasés al oeste del Jordán.

Efraín, Monte de

E

La tribu de Efraín vivía en una región montañosa. Josué (efranita) fue sepultado en el monte de Efraín, pero no se ha identificado el cerro así mencionado.

Egipto

Nombre aplicado desde los tiempos de Homero a la tierra del Nilo, en el NE de África. Egipto está formado geográficamente por dos mitades, el N o región del Delta, y el S o Alto Egipto, entre El Cairo y la Primera Catarata. Los hebreos le tenían por nombre Mizraim, la tierra de Cam, o Rahab. Los egipcios pertenecían a la raza mediterránea y aún se discute su origen. El antiguo idioma egipcio, cuya forma más reciente es el copto, está relacionado en forma distante con la familia semita de lenguajes.

La civilización egipcia es de remota antigüedad. Los dos reinos, el norte y el sur, fueron unidos por Menes fundador de la primera dinastía de reyes. Las primeras seis dinastías, que duraron hasta 2200 aC, constituyen lo que se conoce como el Reino Antiguo, cuya capital fue Menfis, al S de El Cairo. El nombre nativo era Mennofer, «el buen lugar». Las pirámides eran las tumbas de los monarcas del Reino Antiguo, en que las de Giza fueron erigidas en el tiempo de la cuarta dinastía.

Estandartes egipcios

Después de la caída del reino antiguo, vino un período de decadencia y oscuridad, seguido por el Reino Medio, la dinastía más poderosa del cual fue la Duodécima. El Fayum fue rescatado para la agricultura por los reyes de la Duodécima dinastía, y en el frente del templo del dios sol en On o Helió-polis (cerca del Cairo), se levantaron dos obeliscos, uno de los cuales aún permanece en pie. La capital del reino Medio fue Tebas, en el alto Egipto.

El reino Medio fue derribado por los hicsos (haq schas, reyezuelos beduinos) o príncipes pastores de Asia, cuyas tres dinastías gobernaron sobre Egipto del Norte por varios siglos. Tenían su capital en Zoán o Tunis (ahora San), en la parte NE del Delta. En este período, Abraham, Jacob y José entraron en Egipto. Los hicsos finalmente fueron expulsados hacia el 1600 a.C. por los príncipes herederos de Tebas, que fundaron la decimoctava Dinastía, e hicieron guerra contra Asia. Subyugaron Canaán, Siria y Chipre, y fijaron la frontera del Reino Egipcio en el Éufrates. El Sudán, que había sido conquistado por los reyes de la Duodécima, nuevamente fue anexado a Egipto, y el hijo mayor de Faraón tomó el título de Príncipe de Cus. Uno de los últimos reyes de la dinastía, Amenhotep IV (1369-1553 a.C.), con el nombre de Akenatón (espíritu del sol), trató de reemplazar la antigua religión del estado por un monoteísmo panteísta derivado de Asia; el supremo dios único debía ser adorado bajo la imagen del disco solar. El intento llevó a una guerra religiosa y civil, y el faraón se retiró de Tebas al Egipto central, donde edificó una nueva capital, en el lugar de la actual Tel el-Amarna. Las tablillas cuneiformes encontradas allá en el año 1887, representan su correspondencia extranjera. Se rodeó de funcionarios y cortesanos de procedencia asiática y, en forma más especial, cananea; pero el partido de los nativos logró finalmente derrotar al gobierno; la capital de Amenhotep fue destruida, y los extranjeros fueron expulsados del país y los que se quedaron fueron reducidos a la servidumbre.

El triunfo nacional fue marcado por la aparición de la duodécima Dinastía, en el fundador de la cual, Ramsés I, muchos ven al «nuevo rey que no conocía a José». Su nieto, Ramsés II que reinó 67 años (1290-1224 a.C.), fue un infatigable constructor. Pitón, excavada por Naville en 1883, fue una de las ciudades que edificó; puede haber sido el faraón de la opresión. El faraón del Éxodo puede haber sido uno de sus sucesores inmediatos, cuyos reinados fueron breves. Bajo ellos, Egipto perdió su imperio en Asia, y fue atacado por bárbaros de Libia y del norte.

La décimo novena dinastía pronto llegó a su fin. Egipto fue distraído por la guerra civil y por un breve período reinó un sirio, Irsu.

Luego vino la vigésima Dinastía, el segundo faraón de la cual, Ramsés III (1195-1164 a.C.), restauró el poder de su país. En una de sus campañas invadió el S de Palestina, donde aún no se asentaban los israelitas. Puede ser que hubieran estado aún en el desierto. Pero durante el reinado de Ramsés III, Egipto perdió finalmente a Gaza y las ciudades vecinas que quedaron en poder de los filisteos.

Después de Ramsés III, Egipto entró en decadencia. Salomón se casó con una hija de uno de los últimos reyes de la vigésima primera Dinastía, la que fue destronada por Sisac I, el general de los mercenarios libios, que fundó la Vigésima Segunda Dinastía (940-745 a.C.). En el exterior del muro S del templo de Karnac aparece esculpida una lista de los lugares que capturó en Palestina.

En la época de Ezequías, Egipto fue conquistado por los etíopes de Sudán, que conformaron la Vigésima Quinta Dinastía. El tercer rey de esta dinastía fue Tirhaca (689-609 a.C.). El año 671 a.C. fue derrotado por los asirios, que lo dividieron en 20 satrapías. Tirhaca tuvo que retroceder hasta sus dominios ancestrales. Catorce años después se rebeló exitosamente bajo Psamético I (663-609 a.C.) de Saís, fundador de la Vigésima Sexta Dinastía. Entre sus sucesores estuvieron Necao y Hofra o Apries. La dinastía llegó a su fin el año 525 a.C. cuando el país fue subyugado por Cambises. Poco después pasó a ser una satrapía persa.

El título Faraón, dado a los reyes egipcios es el equivalente egipcio de Gran Casa. El nombre se encuentra desde épocas remotas en los textos egipcios.

La religión egipcia era una mezcla extraña de panteísmo y se adoraba a los dioses en la forma de animales. Aunque las clases educadas resolvían sus muchas deidades en manifestaciones de un poder divino omnipresente y omnipotente, las clases bajas consideraban los animales como encarnación de los dioses. En el reino antiguo, Ptah, el creador, dios de Menfis, era el jefe del panteón; después Amón, como la mayoría de los demás dioses, se identificaba con Ra, el dios sol de Heliópolis. Los egipcios creían en una resurrección y un futuro estado de recompensas y castigos. El juez de los

muertos era Osiris, que había sido asesinado por
Set, el representante del mal, luego fue restaurado
a la vida. Su muerte la vengó su hijo Horus, a quien
los egipcios invocaban como su redentor. Osiris,
Horus e Isis formaban una trinidad, que represen-
taba al dios sol bajo diferentes formas.

Las pirámides, los templos y los obeliscos de
Egipto han sido descritos en todas las edades, pero
solo fue al principio del siglo 19, por el hallazgo de
la piedra Roseta, que el estudioso francés Champo-
llion dio con la clave para leer los textos jeroglíficos. La obra de Brugsch y Birch entonces llevó a la
recuperación de la historia contenida en los monumentos y en los papiros. Luego vinieron las excavaciones de Mariette, y las de Petrie y De Morgan
aumentaron más la información acerca de la religión, las costumbres sociales y la historia de Egipto. En 1896, entre las ruinas de un templo de
Merneptah en Tebas, Petrie halló una estela de gra-
nito en que estaba tallado un himno de victoria en
conmemoración de la derrota de los invasores sirios que habían ocupado el Delta. Al final se consideran otras victorias de Merneptah, y se dice que
«los israelitas (i-s-y-r-a-e-l-u) han disminuido (¿) de
modo que no tienen simiente». Esta declaración de
un poeta egipcio tiene un notable paralelo con Éx
1.10-22).

Ela, Valle de

(Heb. «¿valle del terebinto?») Valle identificado
como Wadi es-Sant, 14 millas (unos 22 km) al OSO
de Belén.

Elam, Elamitas

Elam ocupaba la región de los Montes Zagros y la actual Luristán y Kusistán. Su capital era Susa. Su historia por unos dos milenios fue de guerra primero con Sumer y después con Babilonia y Asiria. Darío completó la conquista del país.

Elefante

El elefante no se menciona en el AT, pero Salomón importaba marfil (1 R 10.22; 2 Cr 9.21) de modo que deben de haber tenido conocimiento del animal. Los persas usaban el elefante en la guerra en el siglo cuarto aC, y los seléucidas lo usaron en su guerra contra Palestina, el año 163 a.C.

Elí

(Heb. «exaltado») Juez de Israel, tuvo el oficio y el sumo sacerdocio durante cuarenta años en Silo. Sus hijos, perjudicaron su descendencia y posición sacerdotal; una gran derrota, en que ellos y muchos israelitas fueron muertos y fue capturada el arca del pacto, se consideró un juicio divino. Elí murió de horror ante la noticia y fue sucedido por Samuel (1 S 1-4).

Elías

(Heb. «Jehová es Dios») Elías el tisbita era de los habitantes de Galaad. Su ministerio profético pertenece al reino del norte, en los reinados de Acab y Ocozías. Cuando Acab, bajo la influencia de su esposa de Tiro, Jezabel, amenazó con suprimir el culto a Jehová, e hizo del culto a Baal la religión de la corte, Elías apareció repentinamente ante el rey para anunciar una larga sequía, en castigo por la apostasía de la nación del pacto. Mientras duró la sequía (3 años) fue alimentado milagrosamente por medio de cuervos junto al arroyo Querit y luego vivió en Sarepta, ciudad de Tiro, en casa de una viuda, cuyo hijo él resucitó. Elías se presenta ante Acab, y desafía a los profetas de Baal a una contienda entre Baal y Jehová para demostrar por fuego quién es el verdadero Dios. El fuego de Jehová consumió el sacrificio y el altar; el pueblo reconoció que Jehová es Dios y tomó a los profetas de Baal y los mató; antes que terminara la tarde hubo una tormenta de lluvia. Pero la victoria pronto se ve seguida por la derrota, y desesperado por los hombres, Elías viaja a Horeb para encontrarse con Dios. Allí pasa delante de él una visión y le revela que Dios ha establecido su reino no por la violencia del terremoto y la tempestad, sino por la suavidad y la quietud. Regresa con fe renovada a llevar a cabo los mandatos de Dios, y en su camino a Damasco unge a Eliseo para que sea su sucesor. Elías nuevamente se encuentra con Acab para anunciarle la ruina de su casa por su despiadado robo a Nabot, cuya muerte fue programada por Jezabel. Maravillosa como fue toda la vida de Elías, el acontecimiento más notable fue la repetición del milagro de Enoc al final de su carrera. Aparecieron carros y caballos de fuego, y Elías fue llevado al cielo en un torbellino. Elías fue el líder de la religión espiritual de Jehová contra la religión natural de Baal, y por medio de su esfuerzo el culto de Baal fue eficazmente exterminado en Israel. Los judíos posteriores le tuvieron en gran estima. Ningún otro profeta se menciona con tanta frecuencia en el NT. El último profeta, anuncia su regreso antes del día de Jehová. Israel interpretaba literalmente esta profecía. Los evangelistas y Jesús muestran que fue cumplida en Juan el Bautista. En la transfiguración de nuestro Señor, Elías aparece como el representante de los profetas, junto con Moisés, representante de la ley (1 R 17-19, 21; 2 R 1-2).

Elifaz

(Heb. «¿Dios exprime?») Uno de los amigos de Job.

Eliseo

(Heb. «Dios es salvación») Hijo de Safat de Abel Mehola, Eliseo fue discípulo y sucesor de Elías, con quien está relacionado como Josué con Moisés. Su trabajo profético correspondió con los reinados de Joram, Jehú y Joacaz, y fue para los siervos fieles de Jehová lo que su gran maestro había sido antes de él, «carros de Israel y su gente de a caballo», fortaleza y protección de Israel. Se narran muchos milagros realizados por él. Murió a principios del reinado de Joás, a una edad muy avanzada (2 R 2-9, 12)

Eliú

(Heb. «Él es mi Dios») Nombre de cinco personas en el AT, uno de los cuales participó en la discusión con Job y sus amigos (Job 32-37).

Elul

Sexto mes del calendario hebreo.

Emanuel

(Heb. «con nosotros Dios») Nombre del niño cuyo

nacimiento profetizó Isaías (7.14); en el NT se interpreta como profecía del nacimiento de Jesús (Mt 1.23).

Emaús

(Gr. «fuentes tibias») Aldea de Judea, que no se ha identificado. Se sugieren cuatro aldeas modernas.

Embalsamar

Método de preservación de un cuerpo muerto mediante el uso de especias aromáticas. El arte fue practicado desde tiempos remotos, y ellos lo llevaron a su máxima perfección. Probablemente se haya originado en la creencia de la futura reunión del alma y el cuerpo. Era raramente practicado por los judíos. El proceso judío requería 40 días y el de los egipcios 70. El cuerpo embalsamado es una momia.

Encina

En Palestina se encuentran tres especies de encinas. El terebinto ahora se identifica como un árbol distinto de la encina. El simbolismo de la encina incluye la larga vida y su esplendor.

Endor

(Heb. «fuentes de dor») Ciudad en Manases, donde residía una médium o bruja consultada por Saúl. Cerca de Endor, Sísara y Jabín fueron muertos. Localizada en la moderna Endor.

Enebro

Arbusto casi sin hojas del Valle del Jordán y del Desierto de Sinaí. El enebro de Líbano es un árbol que produce madera.

Eneldo

Semillas de la planta de ese nombre que se usa como condimento, y tiene uso medicinal. En algunas versiones se ha traducido arveja, pero eneldo es la palabra correcta.

Engaste

Hendidura para fijar una joya.

En-rogel

Véase Rogel, fuente de.

Erizo

La palabra hebrea ha sido traducida puercoespín. Estos se encuentran en la moderna Palestina.

Esar-hadón

Rey de Asiria, hijo y sucesor de Senaquerib (661-669 a.C.).

Escarlata

Costoso tinte para telas hecho de un insecto parecido a la cochinilla y que se encuentra en los valles de Ararat.

Escita

Habitantes de Escitia, país al N de Ponto Exino y el Mar Caspio. También eran llamados Askenaz. Avanzaron a través del Cáucaso hacia el Asia Menor, e hicieron salvajes incursiones hasta que los Medos los derrotaron y casi los destruyeron.

Escorpión

Invertebrado de ocho patas con la forma de una langosta de mar. Tiene un aguijón venenoso en su cola.

Escribas

Personas preparadas en la interpretación de las le-

Escorpión

yes de Moisés. Se dedicaban profesionalmente al
estudio de la ley mosaica. Esta clase especial de judíos que no eran sacerdotes, que comenzó en los
tiempos de Esdras, en el período de los Macabeos
asumieron este deber bajo su particular cuidado y
formaron un cuerpo tradicional de ley que, aunque crecía siempre por la discusión a medida que
surgían nuevos casos, era considerado igualmente
obligatorio que la ley escrita de Moisés. Su trabajo
incluía el desarrollo teórico de la ley para abarcar
casos nuevos, la enseñanza gratuita a «discípulos»,
la administración práctica en las cortes, en la que se
sentaban como asesores o jueces. La gente se diri-

gía a ellos como «maestro», «señor», «rabí o rabon-
ni», «padre».

Escritura (hebrea)

Del AT sabemos que los judíos escribían sus libros
con tinta en rollos hechos de cuero de cabra o de
oveja alisado, con una vara unida a cada extremo
para enrollarlo. Los rollos no los escribían sino ordenados en columnas de principio a fin. Cuando se
leía un rollo, el comienzo estaba a la mano derecha
del lector, y el final a la mano izquierda. Cuando se
había leído una columna, se enrollaba la vara de la
mano derecha y se desenrollaba una nueva columna de la vara de la mano izquierda. Según una tradición judía, el carácter cuadrado ahora en uso fue
iniciado por Esdras. Después de la restauración, los
escribas transcribieron del carácter antiguo a uno
nuevo los libros escritos en el antiguo. Era una tarea muy delicada, debido a la condición de los textos y los peligros de error. En hebreo se escribía
sólo las consonantes de las palabras; las vocales las
ponía el lector. En dicho modo de escribir, la misma combinación de consonantes podía pronun-
ciarse de diversas maneras. Por ejemplo, si
tomamos las consonantes PRD, podrían ser varias
palabras: pierde, pardo, pared, etc., y la pronunciación quedaba determinada en cada caso por el contexto. El peligro de copiar un texto de ese tipo está
en que la mente del escriba podía estar continuamente al tanto del sentido mientras el ojo y la
mano estaban al tanto de la forma, o que también
que copiara servilmente las letras sin tener en

cuenta el sentido; por otra parte estaba el riesgo del error, más aun cuando diversas letras en ambos escritos se parecían mucho entre sí, y no había un sistema de puntuación ni un espacio entre las palabras. Hay muchas lecturas en la Septuaginta, que aparentemente se deben a variaciones en el hebreo del original de donde se tradujo.

Escrituras

Al principio era una expresión general que significaba simplemente lo escrito o los escritos. Después pasó a ser una designación específica «La Escritura» o «Las Escrituras», como se encuentra en el NT para denotar lo que eran los libros sagrados del judaísmo en ese tiempo; ahora hablamos de Escrituras o Sagradas Escrituras cuando nos referimos a la colección de escritos considerados sagrados por la iglesia cristiana.

Esdraelón

Nombre griego de la porción occidental del valle de Jezreel, incluido el valle de Megido. Es un valle fértil y bien regado, que separa Galilea de Samaria. Allí desemboca el río Cisón.

Esdras

(Heb. «Jehová ayuda») Nombre de tres personas en el AT, uno de los cuales, sacerdote y escriba, fue el organizador de la comunidad post exilio. Con el favor y el apoyo de Artajerjes Longimano, dirigió un grupo de israelitas varones de Persia a Palestina en el año 458 a.C. para fortalecer la colonia de Zorobabel. Llevó a cabo una severa reforma expulsando a las esposas extranjeras y a sus hijos, y

estableció un servicio regular en la sinagoga, en
que se daba el lugar principal a la lectura y exposición de la ley. Para este servicio fundó una clase especial de escribas. Esdras ejerció una influencia
muy poderosa en el desarrollo del judaísmo. La
completa sujeción del pueblo a la ley fue el fruto de
su obra (Esd 7-10; Neh 8-10, y 12)

E

Esdras, Libro de

Esdras y Nehemías son libros compañeros en el
AT, que continúan la narración de Crónicas.
Esdras detalla el primer retorno de judíos de su
cautividad en Babilonia y la reedificación del templo.

Esdras, Primero y Segundo libro de

En la Vulgata estos libros aparecen como 3 y 4
Esdras, porque Esdras y Nehemías han sido tomados como dos libros de Esdras. Contados de esta
forma, Tercero de Esdras es una nueva versión de
los acontecimientos que tienen que ver con el retorno de la cautividad, y su incidente principal es
un concurso ante el rey entre los jóvenes inteligen-
tes de la corte. Zorobabel gana con su famosa máxima, *Magna es veritas, et praevalebit*, «La verdad es
grande y prevalecerá». Gracias a eso, obtiene con-
cesiones para los judíos cautivos.

Cuarto Esdras ha desaparecido en griego, pero
existe aún en otras versiones. En su mayor parte, es
una serie de revelaciones de Esdras acerca de la
suerte de Israel y de Jerusalén. Su fecha probable es
70 d.C.

Esenios

Orden ascética, cuya existencia se remonta aproximadamente a 150 a.C. En la época de nuestro Señor, estaban establecidos en comunidades monásticas cerca del Mar Muerto y en aldeas a través del país. Los rollos del Mar Muerto (descubiertos en 1947 y posteriormente) constituyen la mayor parte de la literatura del monasterio de Qumrán. El nombre probablemente viene de una raíz hebrea que significa «piadoso». Los esenios trataban de alcanzar la absoluta pureza religiosa por medio de una estricta abstinencia y limpieza. Las comidas comunes eran consideradas fiestas expiatorias. La vida de ellos se dividía entre los ejercicios religiosos, las lustraciones (purificaciones ceremoniales), y el trabajo en la labranza y en artesanías. Tenían comunidad de bienes y desaprobaban el matrimonio. Prohibían el comercio, los juramentos y la unción con aceite. Enviaban donaciones de incienso para el templo en Jerusalén, pero diferían del judaísmo ortodoxo en el rechazo de los sacrificios de animales, en las oraciones cotidianas a la salida del sol, y en su concepto de cuerpo como esencialmente malo e incapaz de resucitar. Los principios de diferencia con el judaísmo pueden haberse derivado del oriente. No se mencionan en el NT, y parecen no haber tenido influencia en la vida de la nación en el tiempo de nuestro Señor.

Esmeralda

Variedad de berilo de un rico color verde.

Esmirna

La moderna Izmir, que originalmente era una colonia griega. La antigua ciudad fue destruida a principios del siglo sexto aC, y fue fundada nuevamente a principios del tercer siglo a.C. En la ladera del monte Pago están los restos de un gran teatro y estadio, cerca del cual sufrió el martirio Policarpo, su primer obispo.

Especias

Productos vegetales utilizados por su fragancia o por su sabor. Eran un importante artículo de comercio y de riqueza, necesarios en el culto del templo, y se usaban para embalsamar.

Espigas de grano

Punto de la planta donde se produce el grano.

Espinos, zarza, cardo

Hay unas 20 palabras bíblicas que dan a entender una flora espinosa. Las plantas con espinas son una porción considerable de la flora de Palestina.

Espíritu Santo

Tercera persona de la Trinidad, por medio de quien el Dios Trino hace su obra en el hombre.

Estacte

Posiblemente la exudación del estoraque; uno de los ingredientes aromáticos del incienso del tabernáculo y del templo.

Estaño

El metal, obtenido sólo del óxido, no se ha encontrado en Palestina. Sin embargo, se usaba como constituyente del bronce. Fue introducido en el

Cercano Oriente por los fenicios y probablemente se traía del Cáucaso.

Esteban

(Gr. «corona») Primer mártir cristiano, uno de los siete elegidos para el servicio especial a las mesas, la distribución de alimento para los pobres. Sus dones de inspiración al hablar y de los milagros lo hicieron prominente entre los siete. Acusado de blasfemia contra Moisés y contra Dios, fue condenado en base a las evidencias de falsos testigos. En su defensa demuestra por pruebas históricas que los judíos siempre han resistido a los profetas de Dios, que finalmente habían dado muerte al Mesías, y que el templo no era una institución indispensable e indestructible de la religión revelada. Murió apedreado, y «durmió» con una oración de sus labios que era un eco de la que hizo nuestro Salvador en la cruz. Saulo de Tarso (después, apóstol Pablo) estaba allí, consintiendo con su muerte, y cuidó las vestiduras de quienes lo apedreaban. La muerte de Esteban fue la señal para el inicio de una persecución generalizada contra los creyentes.

Ester

Judía de Susa que llegó a ser reina al casarse con Asuero, y frustró un complot para destruir a todos los judíos. Este hecho lo conmemoran los judíos en la fiesta de Purim.

Ester, Libro de

Último de los libros históricos, contiene un ejemplo antiguo de antisemitismo precristiano. Ester, una judía fue elegida para ser la nueva esposa de

Asuero, rey de Persia. Su tío Mardoqueo se había ganado la enemistas de Amán, perverso favorito de la corte, y de esa manera atrajo la amenaza de muerte para su pueblo. Ester, por su posición, pudo revertir la tragedia y salvó a su pueblo.

E

Etanim

Séptimo mes en el calendario hebreo. Después se llamó Tisri.

Etiopía

Antiguo nombre del territorio al sur de Egipto, también llamado Cus, y que incluye lo que posteriormente se llamó Sudán. Desde unos 2000 a.C. tuvo guerras esporádicas con Egipto. Por algunos centenares de años la región fue independiente de Egipto como Reino de Nubia, con Napata como capital. Después fue subyugado por la expansión del imperio asirio.

Éufrates

El río más largo del Asia occidental, llamado «el río» o «gran río». Fluye desde las montañas de Armenia hacia el golfo Pérsico unas 1700 millas (unos 2700 km). Unas 140 millas (unos 225 km) antes del Golfo se une con el río Tigris. Por eso la región entre los dos ríos se llama Mesopotamia.

Exilio

La posición geográfica de Israel convirtió al país en una especie de parachoques entre Egipto por el occidente y los asirios y babilonios por el oriente, que se veían envueltos en constantes guerras. El año 721 aC, el asirio Sargón II capturó Samaria, la capital del reino del Norte, y anotó en sus inscripciones que había deportados a 27.290 israelitas hacia el oriente. Con esta deportación desaparece la identidad de las diez tribus del norte; fueron asimiladas a la población asiria. Desde el oriente trajeron gente y la establecieron en Palestina. Siglo y medio más tarde, después que Babilonia derrotó a Asiria, fue capturada Jerusalén; el año 578 a.C. el rey Joaquín y unos 10.000 habitantes fueron deportados a Babilonia. Una rebelión abortada produjo nuevas deportaciones el año 587 a.C. Y una deportación como represalia como castigo por el asesinato del gobernador de Judá designado por Babilonia, ocurrido el año 582 a.C. Muchos de los deportados fueron absorbidos en la población de Babilonia, pero a partir del año 538 a.C. comienza el regreso desde el exilio, y con él la reconstrucción del templo.

Éxodo, Libro de

El segundo libro del AT narra la historia de los israelitas desde la muerte de José hasta la construcción del Tabernáculo por Moisés. Incluye un relato de las peregrinaciones por el desierto de Sinaí y la entrega de la ley a la nación.

Exorcista

Persona que profesaba la expulsión de espíritus malos por abjuración o realización de determinados ritos. Los exorcistas ambulantes eran muy numerosos en el primer siglo, especialmente en Asia Menor. Algunos de ellos, en vez de utilizar sus fórmulas acostumbradas, comenzaron a usar el nombre de Jesús (Hch 19.13).

E

Ofrenda por el pecado

Expiación, Día de la

Era el día anual de humillación y expiación por los
pecados de la nación, fecha en que el sumo sacerdote hacía expiación por el santuario, los sacerdotes y el pueblo. Se celebraba el 10 de Tisri, el
séptimo mes, por medio de una santa convocación
y ayuno. Era la única festividad ordenada por la
Ley de Moisés, y por eso se la llama «el ayuno». El
sumo sacerdote, dejando a un lado sus atavíos oficiales, primero ofrecía una ofrenda por sus propios
pecados y por el sacerdocio, y entraba en el Lugar
Santísimo con la sangre. Después tomaba dos ma-

chos cabríos por la nación. Uno era sacrificado para Jehová. Sobre la cabeza del otro se ponían en forma típica los pecados; así se convertía en el portador de los pecados de la nación. Cargado con la culpa, era enviado al desierto, a Azazel. Nunca fue remota la idea de expiación.

Ezequías

(Heb. «Jah es mi fuerza») Nombre de 4 personas en el AT, uno de los cuales era el Rey de Judá, 715-687 a.C.

Ezequiel

(Heb. «Dios fortalece») Profeta judío hijo del sacerdote Buzi, estaba entre los cautivos a quienes transportó Nabucodonosor con el rey Joaquín a Babilonia el año 598 aC, donde se estableció junto al río Quebar. Su obra profética se extendió no más de unos 22 años (592-570).

Ezequiel, Libro de

Este libro del AT fue escrito por el profeta en el exilio. Se divide en dos secciones; la primera denuncia los pecados y abominaciones de Jerusalén y la segunda mira al futuro con la esperanza que la ciudad sea restaurada después de ser purificada. Esta última sección contiene pasajes de naturaleza fuertemente mesiánica.

Faraón

(Egipcio, «la gran casa») Una de las designaciones del palacio real era «la Gran Casa» ya en 2500 a.C. Hacia el 1500 aC, se había convertido en la designación o título del rey que vivía en el palacio.

Fariseos

(Heb. «separados») Nombre dado a los oponentes al partido que surgió después de la victoria de los macabeos, y dedicados al cumplimiento más escrupuloso de la ley conforme a la exposición de los escribas.

Felipe

(Gr. «que ama los caballos») Nombre de cuatro personas en el NT.

1. Felipe el apóstol, nacido en Betsaida, uno de los primeros en ser llamado, mencionado en la alimentación de los 5.000 con cinco panes y dos peces, que Jesús repartió después de bendecirlos.

2. Felipe el evangelista, creyente de habla griega, de Jerusalén, que después del martirio de Esteban huyó a Samaria, donde predicó el evangelio con éxito.

3. Felipe el tetrarca, hijo de Herodes el Grande y Cleopatra de Jerusalén, que reinó sobre Bitinia, Traconitis, Auranitis, Gaulanitis y Paneas con justicia y benevolencia. Fundó y edificó la ciudad de Cesarea.

4. Herodes, medio hermano de Felipe el tetrarca, hijo de Herodes el Grande y Mariamne, primer marido de Herodías, que en Mr 6.17 y en otros lugares se llama Felipe.

Faraón Rameses II, de quien se piensa que es el faraón de la opresión
de Israel.

Otras personas importantes con este nombre en la historia de los tiempos bíblicos son Filipo II, rey de Macedonia, 359-336 aC, padre de Alejandro el Grande; Filipo V, rey de Macedonia 220-179 aC; un frigio designado probablemente en el año 169 a.C. para ser gobernador de Jerusalén; un regente del estado seléucida designado por Antíoco Epífanes a su muerte (164 a.C.) y derrocado rápidamente por Lisias.

Fenicia

Territorio que se extiende 120 millas (unos 190 km) a lo largo de la costa N de Palestina, con un promedio de 20 millas (32 km) de E a O. Era la gran nación comerciante de la época; sus marineros viajaban a tierras distantes y solían establecer colonias como Cartago. De sus muchos artículos de comercio el más valioso era la púrpura obtenida de un molusco marino, el caracol múrex. Puesto que las ciudades se edificaban en el mismo sitio después de la destrucción, y todos los sitios están ocupados aún, la excavación ha sido difícil. Sin embargo, se han encontrado objetos egipcios de 3000 aC, e indican un comercio activo en aquella época. En el tiempo de Cristo, el país era próspero.

Los fenicios están estrechamente vinculados con el desarrollo de la escritura y el alfabeto.

Fereseo

(Heb. «habitante del campo») Uno de los pueblos que habitaban en Canaán a la llegada de los israelitas.

Féretro

Los israelitas, como los judíos después, sepultaban a sus muertos. La sepultura se hacía a pocas horas de su muerte. Probablemente un marco de madera de una cama servía como féretro, puesto que la misma palabra se usa para ambos.

Fiestas

Las tres fiestas anuales del santuario eran: (1) la Pascua, (2) La fiesta de las semanas, (3) la fiesta de los tabernáculos.

1. La Pascua conmemoraba la liberación de los Israelitas de Egipto. Comenzaba la tarde de 14 de Aviv o Nisán, i.e. al comienzo del día 15, con una cena expiatoria, cuando un cordero o cabrito era asado completo y cada familia lo comía con hierbas amargas y panes sin levadura, y el jefe de la familia recitaba la historia de la redención de Egipto. Los sacrificios denotaban expiación y dedicación; las hierbas amargas recordaban la amargura de la esclavitud egipcia; los panes sin levadura eran emblema de pureza.

2. La fiesta de las Semanas o de la Siega o la Cosecha o día de las primicias o Pentecostés (Gr. «cincuenta»), celebrado el día cincuenta o siete semanas después del segundo día de la Pascua, era la segunda de las tres festividades anuales. Se limitaba a un solo día, porque sólo una porción de los productos del año se había acumulado en el granero. Dos panes leudados representaban las primicias de la cosecha del grano; se ofrecían al Señor. Se sacrificaban diez animales sanos como holocausto, un

cabrito como ofrenda por el pecado, y dos corderos como ofrenda de paz.

3. La fiesta de los tabernáculos, o de la cosecha era la última de las festividades anuales. Estaba señalada para el mes séptimo, al término del año agrícola, cuando todos los productos del año ya habían sido recolectados. Se celebraba durante siete días: el holocausto diario incluía un total de 70 becerros, distribuidos en escala decreciente durante los 7 días, y además 2 carneros y 14 corderos cada día, y como ofrenda por el pecado se sacrificaba diariamente un macho cabrío. Durante la celebración el pueblo dormía en cabañas hechas de ramas de árboles.

Filacterias

Pequeñas cajitas en que se ponían citas de la Biblia, se ataban al brazo y sobre la frente durante la oración. A veces se les llama amuletos.

Filemón

Destinatario de la breve carta de Pablo que lleva su nombre. Vivía en Colosas, donde su casa era el lugar de reunión de la comunidad cristiana.

Filemón, Epístola de Pablo a

Esta epístola del NT es personal. En ella el apóstol ruega a Filemón que reciba de vuelta a Onésimo el esclavo fugitivo. El esclavo había huido hacia Roma, donde Pablo estaba preso, y allí se convirtió al Señor por el testimonio de Pablo.

Filipenses, Epístola de Pablo a los

Escrita mientras Pablo estaba preso en Roma. Filipos era una ciudad importante de Macedonia en la

carretera de E a O. Felipe II de Macedonia le puso
nombre en su propio honor. En la época de Pablo
era una colonia romana, asentamiento de soldados
veteranos. Desde Filipos, donde fue gravemente
maltratado, Pablo recibió ayuda pecuniaria en varias ocasiones. La carta fue escrita para acusar reci-
bo de esa ayuda. Es la más epistolar de todas las
cartas; en ella el apóstol derrama su corazón ante
sus amigos, y les exhorta a estar «unánimes, de un
mismo sentir».

Filisteos

Uno de los pueblos del mar, poseedores de Filistea,
la costa desde Jope hasta el Wadi Gazzeh, con sus
cinco ciudades: Gaza, Ascalón, Asdod, Ecrón y
Gat. Aunque no eran de raza semita, adoptaron el
idioma semita de Canaán. Venían de Caftor (Creta). Fueron repelidos por Ramsés III de Egipto después de su llegada a la costa y la captura de las cinco
ciudades, hasta entonces controladas por Egipto.
Los israelitas tuvieron guerra con ellos y los derrotaron. Desaparecieron como pueblo separado.

Flauta

Un tubo perforado quizás agrupado; instrumento
de viento.

Frigia

Región de Asia Menor. Sus habitantes son los fri-
gios. Sus límites continuamente se desplazaban debido a la presión de vecinos agresivos..

Frontales

Lo mismo que las filacterias (Éx 13.16; Dt 6.8). Para
cumplir literalmente la orden de la ley, se copiaban

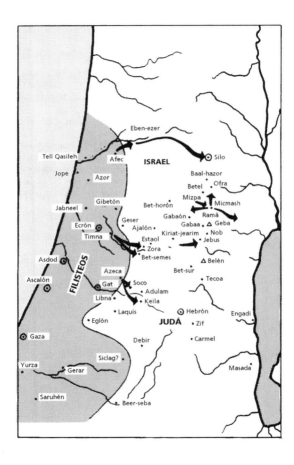

en tiras de pergamino cuatro pasajes (Éx. 13.1-10, 11-16; Dt 6.4-9; 11.13-21) y se ponían en una caja de cuero y se ataba alrededor de la cabeza con la cajita sobre la frente, o a modo de brazalete en el brazo izquierdo.

Fuente

Vasija utilizada en los ritos ceremoniales de purificación en el tabernáculo y en el templo, especialmente el de Salomón, en Jerusalén. Los sacerdotes se lavaban las manos y los pies en este lavacro antes de ofrecer sacrificios. Era de bronce con un pedestal del mismo material (Éx 30.18-21).

Gacela

En el Cercano y Medio Oriente se encuentra más de una variedad de ciervos, pero no se ha identificado la especie precisa a que se hace referencia (Dt 14.5; 1 R 4.23).

Galaad

(Heb. «monumento de piedras») 1. Nombre de 2 personas y una familia en el AT.

2. Región al E del Jordán entre los ríos Yarmuk y Arnón. Es una región fértil y bien regada, buena para la producción de uvas y aceitunas. Bien forestada, es la fuente del bálsamo de Galaad, resina aromática de propiedades medicinales y exportada a Egipto y Fenicia.

Galaad, Monte de

No hay un Monte Galaad específico; toda la zona es montañosa por sobre el río Jordán, que en este punto está 700 pies (unos 230 m) bajo el nivel del mar.

Galacia

Provincia romana en el centro de Asia Menor. Su parte S estaba en el campo misionero de Pablo.

Gálatas

La Epístola de Pablo a los Gálatas, escrita el año 57 ó 58, probablemente desde Antioquía, es la piedra angular de la libertad cristiana. En Gálatas, Pablo narra su conversión y cómo se mantuvo firme en su creencia que Cristo era el Salvador en todo lugar, no sólo de los que observaban cada detalle de la ley judaica.

Gálbano

Jugo resinoso usado en la preparación del incienso sagrado.

Galera Romana

Galilea

Región ubicada entre Samaria por el O, el río Leontes por el S, la llanura marítima por el N, y el Mar de Galilea, incluida su costa oriental, por el E. Sin incluir el lago, mide unas 50 millas (80 km) de N a S, por 25 a 35 (unos 45 a 56 km) de E a O. Incluía el Valle de Esdraelón, la Baja Galilea, una serie de montañas paralelas, ninguna de las cuales supera los 1850 pies (650 m), y la Alta Galilea por el N, una serie de mesetas rodeadas de montañas de 2.000 a

4.000 pies (660 a 1.300 m aprox.) de altura. La línea entre las dos Galileas corre desde el extremo N del lago en dirección poniente hasta Acre. Galilea está bien regada y forestada con buenos terrenos dedicados al cultivo del trigo. Los temblores son frecuentes. La vía más grande es la llamada Camino del Mar, que conecta Damasco con el Levante.

Galilea, Mar de

En una gran depresión de 680 pies (unos 225 m) bajo el nivel del mar, se encuentra el Mar de Galilea, de 13 millas de largo por 8 de ancho (21 x 13 km). En el O está Tiberias; Magdala y Tarichae, donde se curaba el pescado, estaban probablemente hacia el S. Hacia el NO están Capernaaum o Corazín. Betsaida está al oriente del Jordán. En la orilla oriental está Gadara (Gr. Gergesa; tierra de los gergeseos). Gadara estaba unas 5 millas (8 km) del extremo SE del lago, unos 2.300 pies (unos 760 m) sobre su nivel.

Galileos

El pueblo de Galilea con poca influencia desde Jerusalén, el centro de la piedad y la cultura judía, eran mirados con desprecio como rústicos ignorantes. Sin embargo, se resintieron amargamente por el yugo judío y suplieron una buena proporción de los zelotes.

Ganado

Las palabras que significan ganado aparecen en los lenguajes más antiguos. Los hebreos tenían, bueyes, asnos, caballos, ovejas y cabras, y estaban familiarizados con los camellos.

Gato

No conocido comúnmente en Asia Occidental en los tiempos bíblicos. El gato fue domesticado en Egipto 13 siglos aC, donde era un animal sagrado, y se han encontrado miles de gatos momificados.

Gavilán

Ave que se nombra así, pero no ha sido identificada positivamente.

Gaza

Famosa ciudad filistea al SO de Palestina, junto al mar. Retuvo su importancia como depósito de las caravanas en todas las eras. Se ha excavado poco debido a la ciudad moderna localizada en el mismo sitio que la antigua. Véase también Gezer.

Gedeón

(Heb. «leñador», «tallador») Derribó el altar de Baal de su familia y destruyó la imagen de Asera. Recibió respuesta sobre la liberación de Israel cuando su vellón permaneció seco mientras el rocío había mojado todo el suelo alrededor, y vise versa; tuvo otras experiencias milagrosas. Por medio de una artimaña derrotó a los madianitas. Fue libertador y reformador, pero se negó a ser rey.

Genesaret

Fértil llanura en la costa del Mar de Galilea. Es el nombre antiguo del Mar de Galilea.

Génesis

Primer libro del AT. Contiene los relatos de la creación del hombre y del universo por Dios. El libro tiene dos divisiones principales. La primera es la historia primitiva de la humanidad, que narra los hechos de la creación, la caída, el diluvio y la dispersión. La segunda sección tiene que ver con las vidas de Abraham, Isaac, Jacob y José.

Gerizim

Moderna Jebel el-Tor, 2.900 pies (unos 970 m) directamente al S del Monte Ebal.

Getsemaní

Huerto al pie del Monte de los Olivos, donde Judas entregó a Jesús. No se conoce su exacta ubicación.

Gezer

Ahora llamado Tell el-Jazari, este sitio fue excavado a comienzos del siglo 20. Había estado ocupado por lo menos desde 4000 a.C.

Gihón

Manantial intermitente en el valle de Cedrón, al pie de Jerusalén, y río en el huerto de Edén.

Gilboa, Monte

Moderna Jebel Fuquah, al E del Valle de Jezreel, unas 6 millas (10 km) al O de Betsán; elevación: 1.737 pies (unos 580 m).

Gilgal

(Heb. «círculo de piedras») Nombre de varios lugares en el AT. Uno está al E de Jericó, en el valle del Jordán. Posiblemente sea la moderna Khirbet Mefjir. Otra probablemente sea la moderna Jiljulieh, en la cumbre de un cerro elevado 7 millas al N de Betel. Este es el Gilgal de Elías y Eliseo. Otro Gilgal se ha comparado con Haroset ha-Goim, pero no se ha identificado definitivamente. Se ha puesto en Samaria, en Sarón y en otros lugares. Se ha sugeri-

do un Gilgal cerca de Siquem y se habla de otros en
el camino de Jericó a Jerusalén.

Gofer, Madera de

Madera que Noé usó para construir el arca. No se
ha identificado en forma definitiva-

Gog y Magog

Gog, príncipe de Mesec, que vino de la tierra llamada Magog, es el líder de las fuerzas del mal en una
batalla con Jehová (Ez 38-39). En Ap 20.9, Magog
es líder, con Gog, de las fuerzas de Satanás en la batalla de Armagedón.

Gólgota

(Heb. «calavera») Lugar donde Jesús fue crucificado.

Gomorra

Una de las cinco ciudades del valle mencionadas
junto con Sodoma, Adma, Zeboim y Zoar. Se cree
que está bajo las aguas en el sur del mar Muerto.

Gosén

Nombre de tres lugares en el AT. Uno es presumiblemente una región entre Hebrón y el Neguev.
Otra se identifica a veces con la moderna Zahari-
yeh, 12 millas (unos 20 km) al SO de Hebrón. El
tercero es la región de Egipto donde habitaron los
Israelitas desde el tiempo de José hasta el éxodo..

Graduales, Cantos

Véase Cantos Graduales

Granado

Fruta que se da en Palestina. Es prominente en el
arte antiguo y en la mitología.

Granado

Grano

Palabra que se usa generalmente para referirse al trigo, la cebada, el mijo, y centeno. Véase trigo.

Griegos

Los hebreos de habla griega.

Gusano

En la Biblia aparecen la lombriz, la larva de las mariposas, los insectos que comen hojas, la larva y el escarabajo.

H

Habacuc

Profeta de Judá en los últimos días de Josías (640-609 a.C.) y en el reinado de Joaquín (609-598 a.C.).

Habacuc, Libro de

Profecía del AT que trata el problema del mal no castigado en el mundo. Fue revelado a Habacuc que los ejércitos caldeos serían el medio usado por Dios para castigar a los perversos y que el mal se destruiría a sí mismo. El libro concluye con un poema de acción de gracias y de gran fe.

Habas

Se usaba como verdura o como harina por los judíos.

Hagada

(Heb. «narración») Nombre de la parte de las tradiciones de los escribas judíos constituida por la elaboración de porciones históricas y didácticas de las Escrituras. En contraste con la Halaca, que se limitaba a la exposición y aplicación del texto, su manejo de las Escrituras es irrestricto. Admite libremente adiciones e interpolaciones, incluso leyendas.

Hageo

Profeta judío que se presentó en Jerusalén el año 529 aC, para estimular la reconstrucción del templo.

Hageo, Libro de

Este libro del AT es un registro de los dichos del profeta Hageo durante el año segundo del reinado de Darío, rey del Imperio Persa, en el período post exílico. El profeta está particularmente preocupa-

do de la reedificación del templo, que era esencial
para la restauración de la pureza espiritual de la nación. Hageo además creía que estaba cerca la gran
era mesiánica.

Hagiógrafa

(Heb. «escritos») Tercera división de los libros incluidos en el canon hebreo que incluye un carácter
más diversificado que la ley o los profetas, y nunca
han recibido una designación más exacta.

Halaca

(Heb. «lo común») Ley judía sobre las costumbres,
que se desarrolló paralelamente a la Torah o Ley
escrita de Moisés. Se distingue de la Hagada como
la parte legal de la tradición oral de los escribas, in-
cluidas sus exposiciones de la Torah, y todas las leyes adicionales que eran reconocidas como
obligatorias para los judíos, después del exilio.

Hamat

Ciudad de Siria sobre el río Orontes, la moderna
Nahr el-Asi. Las excavaciones revelaron 12 estratos
de ocupación que se remontan a fechas en el Neo-
lótico. Es uno de los importantes centros de inscripciones hititas. Hizo alianza con David, y el año
740 a.C. con Azarías (contra Asiria). Conquistada
por los asirios el año 720 aC, el pueblo de Hamat
fue transportado a Samaria.

Harán

Actualmente Harrán, en Turquía, ciudad dedicada
al culto a la luna, donde se quedó un tiempo
Abraham en su viaje de Ur a Canaán. Allí murió
Taré, padre de Abraham.

Haya

Véase Pino.

Hebreo

Descendientes de Heber (Gn 10.21). Puede haber sido un grupo étnico separado, pero estuvieron estrechamente relacionados con los israelitas; en algunas circunstancias los nombres fueron intercambiables.

Hebreos, Epístola a los

Libro anónimo del NT que exhorta a la comunidad cristiana hebrea a no recaer en el judaísmo y presenta argumentos sobre la superioridad del cristianismo.

Hebrón

Antigua ciudad en las montañas altas de Judá, 19 millas (unos 30 km) al sur de Jerusalén. Allí vivió Abraham, y allí reinó David siete años sobre Judá. La ciudad moderna, el-Jalil, está alrededor de la cueva de Macpela, sepultura de Sara.

Hechos de los apóstoles

Escrito por el autor del Evangelio según Lucas, Hechos es el relato de lo que los discípulos de Jesús hicieron después de su resurrección. Cuenta acerca de la iglesia cristiana primitiva y sus misioneros, el bautismo de Cornelio, el Concilio de Jerusalén, y la conversión de Pablo y sus viajes misioneros para establecer iglesias y enseñar. Hechos enfatiza que el Espíritu Santo dirige continuamente la iglesia.

Helenistas

Judíos de habla griega, en Judea o en el extranjero,

muchos de los cuales adoptaron una medida de la cultura y los modales griegos (helénicos).

Herez

(Heb. «destrucción») Ciudad de Egipto que conocería a Jehová y hablarían la lengua de Canaán. Literalmente «ciudad de destrucción».

Hermanos de Jesús

Eran cuatro (Mt 13.55; Mr 6.3), incrédulos mientras Jesús vivía (Jn 7.3-7), se integraron a la iglesia primitiva como miembros (Hch 1.14) y misioneros (1 Co 9.5) de la iglesia. Uno de ellos, Jacobo el hermano del Señor tenía autoridad de apóstol (Gá 1.19; 2.9 y 12).

Hermón, Monte

Ramal sur de los montes Antilíbano, elevación de 9.100 pies (cerca de 3.000 m) frecuentemente cubierto de nieve. Se ve desde muchos lugares de Palestina.

Herodes el Grande

Fundador de la dinastía herodiana que gobernó en Palestina desde el año 37 a.C. hasta 70 aC; era hijo de Antípater, idumeo, que había sido gobernador hasmoneo de Edom, y surgió para tener una posición de gran influencia como ministro de Hircano II, último rey asmoneo y sumo sacerdote. Antípater vio que el futuro de Judea estaba en las manos de Roma y astutamente se congració primero con Pompeyo y, después de su muerte, con Julio César (que recompensó su ayuda con hombres y dinero en Egipto nombrándolo gobernador de Judea, Samaria y Galilea, bajo la soberanía nominal de Hir-

cano, 48 aC), y después del asesinato de Julio César
el 44 aC, con Casio, Antonio y Augusto. Herodes
siguió coherentemente la política de su padre y
aprovechó todas las vicisitudes de los asuntos romanos. Se consideraba el último «rey confedera-
do" (rex socius) del emperador romano. Un
decreto del senado romano lo hizo rey de Judea el
año 40 aC. El año 37 aC se casó con Mariamne, nie-
ta de Hircano, y con la ayuda de dos legiones romanas, capturó Jerusalén. Los nueve años siguientes
los dedicó a fortalecer su posición. Ejecutó a 45
miembros (la mayoría saduceos) del Sanedrín y
asesinó a todos los miembros de la casa asmonea,
incluida su esposa Mariamne. Los catorce años siguientes (28-14 aC) estuvieron principalmente dedicados a la construcción de un teatro en Jerusalén
y un gran anfiteatro fuera de las puertas, así como
numerosos templos paganos y nuevas ciudades, la
principal de las cuales fue Cesarea, nombre dado
en honor al emperador. Su obra más grande fue la
reconstrucción del templo. Pero el águila dorada,
símbolo de la supremacía romana, que colocó sobre su entrada principal, para el pueblo era un re-
cordatorio constante de su servidumbre a Roma.
Todas las ventajas materiales de su despótico reinado, la tranquilidad del país, la remisión de los impuestos y el estímulo a la agricultura y el comercio,
su provisión para los pobres en tiempo de escasez,
fueron olvidadas. Su vida estuvo constantemente
amenazada por conspiraciones, las que enfrentó
por medio de la policía secreta y con las más crue-

les torturas. El año 7 a.C. hizo que sus dos hijos de Mariamne, Alejandro y Aristóbulo fueran estrangulados en Samaria, crimen que provocó en Augusto la observación que prefería ser uno de los cerdos de Herodes y no uno de sus hijos. Otro hijo, Antípater, que trató de asesinar a su padre, fue ejecutado cinco días antes de la muerte de Herodes el año 4 a.C. Sus hijos repartieron sus dominios según su testamento. El mayor, Arquelao, etnarca de Judea, samaria de Idumea fue depuesto por Augusto por mal gobierno el año 6 d.C. y murió en la Galia. Las provincias orientales y del norte quedaron en poder de Felipe, que murió el año 34 d.C. Herodes Antipas, que recibió Galilea y Perea, fue depuesto por Calígula el año 39 d.C. El Herodes de Hechos 12 era nieto de Herodes el Grande. Recibió de Calígula la herencia de Felipe y la de Antipas, a lo cual Claudio agregó Judea y Samaria, de modo que desde 41 a 44 d.C. reinó sobre toda Palestina. Por medio de la astucia y la hipocresía logró ganar la confianza del pueblo. Su hijo, Herodes Agripa II (Hch 25, 26), después de hacer todo lo que estaba en su poder para disuadir a los judíos de emprender una guerra con los romanos, se puso de parte de Roma en contra de sus conciudadanos, y después que Jerusalén fue invadida, vivió principalmente en Tiberias como príncipe vasallo romano hasta que murió sin hijos el año 100 d.C.

Herodianos

Minoría política antipatriota, principalmente partido de la corte, que adhería a la dinastía idumea de

Herodes en Galilea en gran medida como la nobleza saducea adhería al procurador romano en Judea. Sin embargo, ellos pretendían una mira más elevada que la prosperidad mundana. Sus enemigos naturales eran los fariseos. Una marca de las variaciones a que se veían sometidos ambos partidos en su odio contra Jesús es que se unieron para trabajar a fin de conseguir su ruina. La «levadura de Herodes» (Mr 8.15) era la sabiduría de este mundo.

Heteos

Mencionados primero por Sargón de Ágade hacia fines del tercer milenio aC, los heteos o hititas llegaron del N de los montes Tauro, y en fecha muy remota conquistaron parte del N de Siria. Una de sus capitales fue Carquemis sobre el río Éufrates, y se establecieron en Cades cerca de Emesa. Después de años de guerra, Ramsés II de Egipto hizo un tratado de paz con el rey heteo, probablemente entre los años 1290 y 1280 a.C. Los heteos habían estado previamente en el sur de Palestina, en Hebrón y Jerusalén. Tenían una cantidad de pequeños reinos, y parecen haberse extendido sobre la mayor parte del Asia Menor y sobre el N de Siria. La conquista en dirección del occidente de los asirios venció los reinos heteos y puso fin a su historia independiente con la captura de Carquemis por Sargón el año 717, a.C. Los heteos usaban escritura jeroglífica especial, que solo fue descifrada después de 1925. Los monumentos egipcios concuerdan en representarlos con extremidades gruesas y cortas, mentón y nariz prominentes, rostro sin barba, pómulos ele vados, piel amarillenta, pelo y ojos negros. Su idioma era del grupo indoeuropeo.

Heveos

Nación cananea anterior a los israelitas.

Hicsos, Reyes

La palabra egipcia que denota «reyes de países extranjeros» se aplicó a las dinastías 15 y 16 en el Delta egipcio. Estos extranjeros, llamados también reyes pastores, habían entrado desde el NE. El último rey de la dinastía 17 desplazó a los hicsos hacia el norte, y el primero de la dinastía 18 los expulsó completamente de Egipto más o menos en 1550 a.C.

Hidekel

Nombre hebreo del río Tigris.

Hiel

Hierba amarga, ponzoñosa, posiblemente la misma que la cicuta de Sócrates. Varias veces aparece relacionada con el ajenjo y en Am 6.12 se traduce veneno.

Hiena

La palabra hebrea se ha traducido «bestia salvaje». La hiena es uno de los carnívoros más comunes de Palestina.

Hierro

Es probable que la fundición de hierro y la herrería comenzaran con los heteos a mediados del segundo milenio a.C. Los filisteos pueden haberlo introducido en Palestina, pero no permitían herreros israelitas. Toda obra de hierro tenía que ser entregada a los filisteos. Pero gradualmente se fue im-

portando hierro, y se descubrió un escorial de
hierro en el Arabá, indicando que allí hubo una in-
dustria nativa de hierro.

Higo

Fruto mencionado frecuentemente en las Escrituras, y oriundo de Palestina. Este tipo de higos aparece en febrero antes que las hojas, las que cubren
la higuera sólo un mes o seis semanas más tarde.
Cuando las hojas han alcanzado su mayor tamaño,
los frutos deben estar maduros.

Hijo Pródigo

Dramática y vívida parábola sobre el arrepentimiento (Lc 15.11-32).

Hinom

Valle profundo al S de Jerusalén, llamado en forma
variada Valle de los Hijos de Hinom, Valle de
Ben-Hinom, y generalmente identificado con el
moderno Wadi er-Rababi.

Hisopo

Arbusto pequeño, probablemente orégano o me-
jorana de Siria. Toda la planta se utilizaba como
brocha para rociar la sangre del sacrificio. Este uso
de la planta puede tener su origen cuando los hebreos lo usaron para marcar con la sangre los marcos de sus puertas en la primera pascua.

Historia del Período Intertestamentario

Véase Período Intertestamentario.

Holocausto

Sacrificios en que la víctima se quemaba completamente en el fuego, para expresar la completa redención del oferente a Dios.

Hor, Monte

Puede ser un monte en la frontera con Edom, o un monte cerca de Petra, ahora llamado Jebel Harun, de 4.800 pies (1.600 m) de elevación.

Horeos

También hurritas. Nombre de un antiguo pueblo con diversos nombres: horeos, heveos, jebuseos.

Hormiga

La hormiga es proverbial por el maravilloso instinto que las guía en la economía, el trabajo y la disciplina de sus comunidades. Son insectos pequeños, pero tienen una maravillosa fortaleza muscular. Las hormigas del tiempo de la cosecha en Palestina almacenan trigo para el invierno (Pr 16.6-8; 30.25).

I

Íbice

Un antílope pequeño, parecido a la cabra. Véase Carnero montés.

Ibis

El ibis se encuentra en Egipto, pero no en Palestina; puede haber sido nativo de Palestina en los tiempos bíblicos. La traducción podría ser errónea. En algunas versiones se ha traducido «gran buho».

Iglesia

(Gr. Ecclesia, «una asamblea») En el NT se usa en los siguientes sentidos:

1. Una reunión pública común (Hch 19.32, 29, 41).

2. La congregación de los israelitas en el Antiguo Testamento.

3. Una reunión de cristianos para el culto.

4. El grupo de los cristianos asociados para el culto y servicio de Dios en una localidad o región en particular.

5. Todo el cuerpo de los cristianos en el mundo.

6. En el sentido más amplio, todo el cuerpo de los redimidos.

Incienso

Resina aromática importada a Palestina desde Arabia.

Intertestamentario, Período

Véase Período Intertestamentario

Isaac

(Heb. «él ríe») Hijo de Abraham y Sara, medio hermano de Ismael nacido cuando sus padres tenían una avanzada edad. Por su esposa Rebeca fue padre de Jacob y Esaú. Murió en Hebrón a la edad de 180 años.

Isaías

(Heb. «Jehová es salvación») Hijo de Amoz. Profetizó durante los reinados de Uzías, Jotam, Acaz y Ezequías, reyes de Judá. La tradición dice que sobrevivió hasta el reinado de Manasés quien lo martirizó. Defendió la política de separación de Israel, oponiéndose a las alianzas de Acaz con los asirios oponiéndose igualmente a las alianzas con pueblos vecinos, con Egipto, o con la alianza babilonio/elamita contra Asiria. Durante su vida los imperios Asirio y Babilónico eran parte de la gran potencia opresora de la época; parte del tiempo Babilonia fue una peligrosa seducción, que trató de dirigir al pueblo escogido hacia desastrosas hostilidades contra Asiria.

Isaías, Libro de

Este libro del AT es la primera colección de profecías de los cuatro profetas mayores. El juicio venidero es fundamental en la enseñanza de Isaías. Israel y Judá van a perecer, pero sobrevivirá un remanente y surgirá una nueva Jerusalén como ciudad fiel. También en Isaías se encuentran las profecías de la venida de Cristo.

Ismael

(Heb. «que Dios oiga») Nombre de seis personas en el AT, uno de los cuales es hijo de Abraham, a través de Agar. Es medio hermano de Isaac.

Impuesto

(Heb. arak, «evaluar»; «estimar»; Gr. «censo», «em-
padronar») Todo hebreo que hubiera cumplido los
20 años tenía que pagar medio siclo como tributo
del santuario. Bajo Nehemías todo israelita tuvo
que pagar un tributo de un tercio de siclo para la
construcción del templo. En tiempos posteriores el
tributo regular del templo era medio siclo. Al principio eran desconocidos los impuestos civiles, pero
Samuel muestra que bajo la monarquía tendrían
que tributar. Salomón exigió pesadas contribucio-
nes; el primer corte del pasto se llamaba «corte para
el rey». Los impuestos en dinero sólo se cobraban
en tiempo de necesidad extraordinaria. Bajo los
persas, se exigía a los judíos no sólo el pago de impuestos internos y de la tierra, sino también un tributo de capitación, gravamen directo por cada
persona; su condición bajo los egipcios y los sirios
se hizo más pesada aun cuando Antíoco exigió
1.000 talentos. Los impuestos se comenzaron a co-
brar, y el sistema se hizo universal bajo la domina-
ción romana, durante la cual los judíos tenían que
pagar capitación, impuesto a la tierra y derechos de
aduana.

Ismaelita

Pueblo nómada del N de Arabia, descendientes de
Ismael, que se hallaban en esa región desde principios del segundo milenio a.C. hasta el séptimo siglo a.C.

Israel

(Heb. «el que lucha con Dios», o «Dios lucha»). El

nuevo nombre que Jacob recibió después de su
misteriosa lucha en el Jaboc y de aquí el nombre de
todo el pueblo que descendió de él. El nombre «hebreos» les fue aplicado mayormente por los extranjeros, como también el nombre «judíos», que

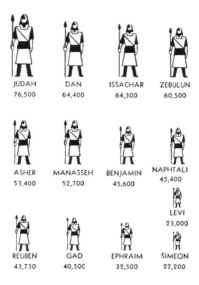

Tamaño relativo de las doce tribus de Israel, basado en el número
de hombres de edad militar.

aparece en el tiempo cuando Judá, después de la caída del reino del norte representó a todo el pueblo. Después de la división bajo Jeroboam, el nombre Israel quedó confinado al reino de las diez tribus, llamado también Efraín según el jefe de estos. La degeneración moral y religiosa, con frecuentes revoluciones y cambios de reyes, prepararon su caída (722 a.C.). Los asirios llevaron lo mejor del pueblo al exilio, del cual nunca regresaron, y el remanente que quedó fue incluido en el pueblo mixto conocido como samaritanos.

Italia

Península en medio del sur de Europa. El nombre se aplicó a diferentes períodos a toda la península y a la parte sur.

Iyyar

Nombre del segundo mes del calendario hebreo. También se le llama Ziv.

Jabón (NITRE)
Jacinto

Variedad de zircón, piedra de color naranja rojizo. En griego generalmente se le llama *lincurion* debido una singular noción en cuanto al origen de esta gema, que se identifica con el verdadero jacinto.

Jacob

(Heb. «engañar») Hijo de Isaac y Rebeca y padre del pueblo de Israel. Por medio de la astucia consiguió la primogenitura y la bendición que su padre creyó estar dando a su hermano Esaú. Huyó donde su tío Labán, que lo trató con astucia igual que la suya. Sin embargo, se enriqueció en el servicio de Labán, y dos hermanas, Lea y Raquel se casaron con él. Al regresar, después de una misteriosa lucha en la oscuridad de la noche junto al arroyo Jaboc, se le cambió el nombre a Israel, y se reconcilió con Esaú. Su vejez se vio entristecida por las maldades de sus hijos, hasta que halló refugio en Egipto gracias a su hijo favorito, José.

Jacobo

Nombre de cinco personas en el NT.

1. «El mayor», hijo de Zebedeo y hermano de Juan, uno de los doce, martirizado por orden de Herodes Agripa.

2. Jacobo «el menor», hijo de Alfeo, también era apóstol.

3. Jacobo, «hermano del Señor» era una columna en la iglesia de Jerusalén y probablemente haya creído por medio de una aparición especial de

nuestro Señor. Su pensamiento prevaleció en el Concilio de Jerusalén. Autor de la Epístola de Santiago. Por su piedad le llamaron Jacobo el justo. Según Josefo, murió apedreado por orden de Ananus, el sumo sacerdote, entre la partida de Festo y la llegada de Albino, el nuevo procurador.

    4. Hijo de María

    5. Padre de Judas

Jaspe

Calcedonia verde.

Jebuseos

Tribu que ocupaba Jerusalén durante la conquista de Canaán por los israelitas. Parecen haber sido de raza amorrea.

Jefté

(Heb. «él abre») Guerrero de Galaad, juez en Israel e hijo ilegítimo fue echado del hogar por los herederos de su padre. Vivió como filibustero en la tierra de Tob, al oriente del Jordán, hasta que los ancianos de las tribus lo llamaron para ayudarles contra los amorreos, que los habían oprimido por 18 años. De regreso como vencedor, sacrificó su hija única en cumplimiento de un voto hecho precipitadamente.

Jehová

Los hebreos no usan comúnmente el nombre sagrado por temor a profanarlo. Las consonantes del nombre son cuatro, y se les llama tetragrámaton. Se le agregaron vocales con el resultado que por un período de su historia el sonido del nombre era Adoni, Señor, al que se llegaba añadiendo vocales al nombre de las consonantes YHWH (JHVH). La mala interpretación de esto llevó a Jehová.

Jehú

(Heb. «Él es Dios») Nombre de cuatro personas en el AT, una de las cuales fue rey de Israel, 842-825 a.C.

Jeremías

(Heb. «que Yah levante») Nombre de 10 personas en el AT, uno de las cuales fue el profeta Jeremías. El ministerio profético de Jeremías se inició el año 13 del reinado de Josías, 626 aC, y abarcó todo el tiempo hasta el exilio. Era de linaje sacerdotal y comenzó su ministerio a temprana edad. Más adelante fue el líder de una pequeña minoría de Judá contra tres grandes males: la apostasía religiosa de su pueblo, el abandono de la justicia y el falso patriotismo que les llevó a quebrantar la fe a través de diversas rebeliones contra Babilonia. Sus servicios en esto último fueron reconocidos por las autoridades de Babilonia.

Jeremías, Libro de

Registro escrito en el AT de algunas profecías de Jeremías, dictadas a su amigo Baruc. Esto parece dar a entender que estas profecías fueron presentadas oralmente sin escribirlas. Como el rollo de Baruc incluía «todas» las profecías de 23 años, además de muchas otras palabras, nos vemos impelidos a inferir que la mayoría de estas profecías fueron brevemente bosquejadas. La misión de Jeremías era testificar a un pueblo condenado, y luego testificar su obstinación y condenación; pero la opinión co-

mún probablemente exagera el elemento de tristeza en la carrera del "profeta llorón". Cabe destacar que profetizó el regreso del exilio, y acerca del exilio mismo. Fue especialmente su profecía la que
realmente llevó a los exiliados a iniciar el retorno.
Jeremías insiste especialmente en el infalible pacto
de Dios con Israel y David. Da forma a la doctrina
de un "Renuevo" justo que nace de David. Como
los demás profetas, Jeremías no es sólo un profeta
de represión y advertencias; además profetiza la
promesa y la esperanza mesiánica.

Jericó

Antigua ciudad sobre el extremo sur del valle del
Jordán, famosa por sus palmeras y jardines de bálsamo, que ahora han desaparecido. Se ha excavado
extensamente; la fechación con carbono muestra
que sus muros más antiguos son de 8000 a 7000
años a.C.

Jeroboam

(Heb. «que el pueblo crezca en número») Nombre
de 2 reyes de Israel, uno de los cuales fue el primer
rey de Israel, hijo de Nabat, fundador del reino del
norte. Aprovechó la envidia de las demás tribus
contra Judá y Jerusalén y el descontento contra los
opresivos impuestos de Salomón para rebelarse en
su contra. Después de la muerte de Salomón, ante
la negativa categórica de su hijo Roboam en el sentido de reducir los impuestos, Jeroboam se convirtió en el líder de la separación de las diez tribus del
norte (922 a.C.). El restablecimiento de los lugares
altos sirvió para dar al cambio político una valida-

ción religiosa. Becerros de oro semejantes a los que Aarón hizo en el desierto, fueron puestos en Dan en el extremo norte y en Betel, en la frontera sur del reino de Jeroboam, para apartar al pueblo del templo de Jerusalén, donde Dios era adorado sin imágenes.

Jeroboam II reinó sobre Israel de 786-746 a.C. Conquistó hacia el norte y el oriente todas las tierras que habían pertenecido a David y a Salomón, y estimuló el comercio con los fenicios; pero en su reino surgió nuevamente el culto a Baal que Jehú había extirpado, con su consiguiente corrupción moral en que Amós y Oseas previeron la ruina de la casa del rey y de la nación.

J

Jerusalén

(Heb. «fundación de Salem») ciudad principal de Palestina, mencionada en los textos egipcios ya en

Puerta de Damasco, la entrada principal de
la muralla norte de Jerusalén.

Esboso de una medalla romana conmemorando la toma de Jerusalén.

los siglos 19 y 18 a.C. Es la tercera ciudad más sagrada de los musulmanes y la más importante para cristianos y judíos. El nombre de Jerusalén aparece en más de 25 de los libros del AT y en más de una docena de libros del NT. En excavaciones en Jerusalén misma se han encontrado piedras y alfarería del cuarto milenio aC, lo que indica que había habitantes desde fechas muy tempranas. Abraham estuvo una vez, y posiblemente dos veces en Jerusalén, entonces llamada Salem. Los jebuseos la habitaban antes que Abraham llegara a Palestina; David capturó la ciudad y la convirtió en su capital, y Salomón edificó el templo y la convirtió en una ciudad espléndida.

En las casi incesantes guerras de los últimos dos milenios aC, Jerusalén fue sitiada y capturada con frecuencia. En diversas épocas fue posesión de Asiria, Egipto, Babilonia, Persia y Grecia. Nabucodonosor saqueó y destruyó la ciudad y llevó consigo su gente al exilio. Cuando regresaron, reedificaron el templo y gran parte de la ciudad, pero el año 70 d.C. los romanos capturaron la ciudad y la destruyeron tan completamente que casi nada ha quedado del tiempo de Jesús. Sin embargo, sobre sus ruinas se levantó otra ciudad. Los cruzados la reconquistaron por un tiempo, al igual que los turcos. Israel la recapturó el 7 de junio de 1967.

La excavación no ha sido completa ni total, debido a la imposibilidad de realizar ese trabajo en una zona densamente poblada. Aun así se ha podido identificar una gran cantidad de localizaciones mencionadas en la Biblia y se puede reconstruir la vida de Jerusalén en los tiempos bíblicos.

Jerusalén, La Nueva

Ciudad principal del futuro nuevo mundo de Dios, su capital espiritual, hermosa y adornada; expresión que se aplica a la iglesia de quienes forman el pueblo de Dios.

Jesús

La venida de Jesús el Cristo, el Mesías, fue anunciada en el AT; los evangelios son la fuente a través de los cuales conocemos su vida física sobre la tierra. Fue Jesús, el Hombre, y Cristo, el Ungido, una persona de la Trinidad. Pero, hacia el siglo quinto, la iglesia se había preocupado bastante para fijar el 25 de diciembre como la fecha de su nacimiento. Esta ha sido la fecha de la fiesta de Mitra, el dios sol, y para los cristianos había venido una luz mayor, Jesucristo, la verdadera Luz del mundo.

Jesús nació de la virgen María, desposada con José el carpintero. La genealogía de Jesús se remonta en los evangelios a David y Abraham. Los Evangelios hablan además de la huida de la familia a Egipto para eludir la matanza de los inocentes ordenada por el rey Herodes, pero dicen poco de su niñez. La familia llevaba la vida de los judíos consagrados y piadosos; Jesús debe de haber tenido una educación cuidadosa, porque a los doce años conversa de igual a igual con los rabinos del templo.

Luego viene un período sin detalles de su vida. A los treinta años lo bautiza Juan el Bautista, que testificó que este Jesús es el Hijo de Dios. Después de una gran tentación a la que no cedió, comenzó su ministerio, llamando primero a sus discípulos. Fue conocido por sus obras a través de Galilea y en las regiones cercanas y atrajo muchos seguidores, judíos y griegos. Pero perturbó a muchos. Fue arrestado, juzgado y crucificado. Luego vino su resurrección, su triunfo sobre la muerte. *Véase además,* Cristo.

Joab

(Heb. «Yah es Padre») Nombre de tres personas en el AT, uno de los cuales fue comandante del ejército de David.

Joacaz

(Heb. «Yah sostiene») Nombre de tres personas en el AT, uno de los cuales era rey de Israel (815-801 a.C.) y otro rey de Judá (609-608 a.C.).

Joás

(Heb. «Yah da») Nombre de ocho personas en el AT, una de las cuales fue rey de Judá (837-800 a.C.).

Job

1. Autor del libro de Job; si no fuera por esto sería desconocido.

2. Nombre del tercer hijo de Isacar.

Job, Libro de

El primero de los libros poéticos del AT trata el problema del sufrimiento. Dios permite que Satanás aflija a Job, judío próspero y piadoso, con muchas penurias para probar su fe. Job pierde a sus hijos y sus bienes materiales, y se ve afligido por una grave enfermedad. Finalmente, cuando Dios pregunta a Job, éste se ve forzado a reconocer los límites de la sabiduría humana y se humilla ante la voluntad de Dios. Con esta nueva humildad se fortalece su fe y Job encuentra la paz.

Joel

(Heb. «Yah es Dios») Nombre de 13 personas del AT, una de los cuales es el autor del libro de Joel. Nada se sabe acerca de él.

Joel, Libro de

Libro profético del AT escrito durante una plaga de langostas, período de gran angustia para el pueblo. En la devastación producida por las langostas el profeta ve un indicio de la venida del día de Jehová. En consecuencia, todos deben arrepentirse con ayuno y lamento. Sin embargo, con el arrepentimiento hay una promesa de alivio y de la bendición de Dios para Israel.

Jonás

(Heb. «paloma») Nombre de dos personas en el

AT, una de la cuales es el personaje central del Libro de Jonás.

Jonás, Libro de

Este libro del AT es la historia de un profeta enviado por Dios a Nínive. Jonás tuvo temor del llamado y trató de huir por mar a Tarsis. Durante el viaje por mar fue arrojado por los demás pasajeros al mar y lo tragó un gran pez enviado por Dios. El profeta fue puesto en tierra y se dirigió a Nínive donde por su predicación se convirtió toda la población de esa ciudad.

Jonatán

(Heb. «Yah ha dado») Nombre de 15 personas en el AT, uno de los cuales es el hijo mayor de Saúl y amigo de David. A David le regaló su manto y su armadura. Fue un hombre de gran fuerza y valor. Cayó en la batalla de Gilboa, junto con su padre y dos hermanos , y dejó un hijo de 5 años: Mefiboset o Meribaal. David lo lloró en una elegía llamada «El canto del arco» (2 S 1.17-27).

Jope

(Heb. «hermoso») En este puerto de acceso a Jerusalén se ha podido hacer pocas excavaciones, porque el sitio es un cerro rocoso sobre el que se han edificado una ciudad sobre otra. Aparece como ciudad alrededor del 1500 aC, cuando fue capturada por los egipcios. Para la construcción del templo, se envió la madera del Líbano en forma de balsas a través de Jope. Ahora es parte de la ciudad de Tel-Aviv.

Joram

(Heb. «Jehová es alto») Nombre de cinco personas en el AT, uno de los cuales fue rey de Judá (849-842 a.C.).

Jordán

Principal río de Palestina que corre hacia el sur por unas cien millas (160 km). Sus tres fuentes están al pie del Monte Hermón. En su curso hay dos lagos, el lago Hula y el mar de Galilea. Desde el mar de Galilea hasta el Mar Muerto el valle del Jordán (Ghor) tiene 65 millas (unos 104 km) y desciende desde 682 a 1.292 pies (227 a 430 m) bajo el nivel del mar. El promedio del ancho del río no es más de 30 yardas (unos veintisiete metros) y varía en profundidad desde 3 pies (1 m) en los vados hasta 7, 8 y 10 pies (6 a 9 m). La corriente es muy rápida. Los israelitas lo cruzaron milagrosamente al igual que Elías y Eliseo. Juan el Bautista bautizó a Jesús en sus aguas.

Josafat

(Heb. «Yah juzga») Nombre de 4 personas en el AT, uno de los cuales fue rey de Judá por 25 años, c. 850 a.C.

José

(Heb. «Jehová añada») Nombre de 14 personas en la Biblia. Entre ellos están José hijo de Jacob, José el marido de María la madre de Jesús y José de Arimatea.

1. José, marido de María. Carpintero, residente en Nazaret, descendiente de David. Se presume

que murió cuando Jesús aún era joven porque no hay mención suya después que Jesús tuvo 12 años.

2. José, hijo de Jacob y Raquel. Fue padre de Efraín y Manasés, y ancestro de pueblos del reino del Norte. Sus hermanos lo vendieron y fue llevado a Egipto, donde fue encarcelado por una acusación falsa de la esposa de su amo (un suceso similar aparece en una historia escrita en el tiempo de Ramsés II, preservada en un papiro que está en el Museo Británico). Sin embargo, su habilidad para interpretar sueños le atrajo el favor de Faraón y el primer lugar después de Faraón, junto al trono. Gn 42-47 narra cómo durante una hambruna, su padre y sus hermanos llegaron para establecerse en Gosén.

3. José de Arimatea. Miembro del Sanedrín. Sepultó el cuerpo de Jesús en un sepulcro de su propiedad.

Josías

(Heb. «que Jehová dé») Hijo de Amón y rey de Judá desde 639 a 608 a.C. El año 18 de su reinado descubrieron el Libro de la Ley y como consecuencia suprimió los lugares altos en todo el país. Fue derrotado y muerto por el faraón Necao en Megido. El reino de Judá estuvo por turnos bajo el dominio de los egipcios y de los babilonios durante los reinados de sus hijos Joacaz (609), Joaquín (608-598) y Sedequías (597-586).

Josué, Jesúa

(Heb. «Yah es salvación») Nombre de 11 personas en el AT, uno de los cuales es Josué, hijo de Nun.

De la tribu de Efraín, condujo al pueblo a la tierra prometida. Murió a los 110 años.

Josué, Libro de

Libro del AT que cuenta la historia del sucesor de Moisés y líder de los israelitas, Josué hijo de Nun, y narra la conquista de Canaán y la distribución del país entre las doce tribus de Israel.

Jota

Transliteración de iota, nombre de la letra más pequeña del alfabeto griego; se usa metafóricamente para la cosa más pequeña.

Jotam

(Heb. «que Jehová complete») Nombre de tres personas en el AT, entre los cuales está el rey de Judá, 742-735 a.C.

Juan

Nombre de cinco personas en el NT, uno de los cuales Juan el Bautista y otro Juan el Apóstol.

Juan el Apóstol

Pescador, hijo de Zebedeo y hermano de Jacobo, ha sido llamado el discípulo amado. En el momento de la crucifixión, Jesús le encomendó el cuidado de su madre. Según Apocalipsis 1.9 y la tradición, fue desterrado a Patmos y fue obispo en Éfeso por muchos años. Es el autor del cuarto Evangelio, de las Epístolas de Juan y del Apocalipsis.

Juan el Bautista

Hijo de Elizabet, que estaba emparentada con María la madre de Jesús, era profeta y descendiente de sacerdotes. Ha sido llamado precursor de Jesús, y muchos escucharon su mensaje sobre la necesidad del arrepentimiento. Fue arrestado y degollado por Herodes.

Juan, Epístolas de

Las tres epístolas del NT tradicionalmente atribuidas al autor del cuarto Evangelio y de Apocalipsis, testifican que Dios es amor y que el amor es la prueba de la religión. Segunda de Juan se dirige «a la señora elegida y a sus hijos», probablemente una iglesia. Tercera de Juan se dirige al «amado Gayo».

Juan, Evangelio según

El Cuarto Evangelio, escrito por el discípulo a quien Jesús amaba, nos cuenta quién era Jesús y lo que es, y lo que puede significar para quienes le aman. Este evangelio narra más que los otros evangelios las historias de Nicodemo y Lázaro, y el juicio, la crucifixión y la resurrecciónde Jesús. Asimismo, habla más a los discípulos Andrés, Felipe y Tomás.

Juan Marcos

Véase Marcos

Jubileo

Último año en un ciclo de 50, en que había que restituir las heredades.

Judaizantes

Nombre dado a quienes de entre los cristianos judíos no podían creer que todo lo que la ley daba al hombre ahora estaba disponible con mayor plenitud en el Evangelio. Insistían en la circuncisión para que el hombre tuviera derecho a creer en Jesús como Salvador de Israel. Los judaizantes eran un pequeño grupo entre los creyentes palestinos, y

no se ha dejado ningún registro escrito acerca de
ellos en el NT. Más adelante, cuando aparecen en
la historia, es bajo el título de ebionitas, que representan, como sus predecesores, a las clases «pobres» (Heb. ebion) y oprimidas de la sociedad judía.

Judas

Nombre de seis personas en el NT, uno de los cales
fue Judas Iscariote, el que entregó a Jesús.

Judas, Epístola de

Esta epístola del NT llama a su autor «siervo de Jesucristo y hermano de Jacobo». Su mensaje era
para los cristianos donde la unidad se veía amenazada por enseñanzas heréticas y donde las normas
doctrinales y morales del cristianismo eran cuestio-
nadas.

Judas Macabeo

Véase Macabeos

Judea, Judá

Tierra de los judíos, nombre aplicado a veces a
toda la tierra de Palestina, y otras veces al Reino
del Sur solamente. Se usaba en el sentido más amplio al final de la cautividad, dado que la mayoría
de los retornados habían pertenecido al antiguo
reino de Judá. Bajo los romanos y en el tiempo de
Cristo, el nombre quedó restringido a la parte S; el
N era Galilea y el medio era Samaria; pero aun entonces, se podía denotar todo el país. En el sentido
limitado, formaba parte del reino de Herodes el
Grande, e incluía parte de Idumea o tierra de
Edom. Como provincia romana fue anexada al
proconsulado de Siria, gobernado por un procón-

sul. «El desierto de Judea", donde Juan empieza su
predicación, y donde ocurre la tentación de Cristo,
era la parte E de Judá, cerca del Mar Muerto, y se
extendía hacia Jericó. Era, y todavía es, una región
desolada y monótona.

Judío

La Biblia da definiciones: 1. Los miembros del estado de Judá (Neh 1.2; Jer 32.12; 40.11).

2. El pueblo de Israel después del exilio, en contraste con los gentiles (Est 9.15-19; Dn 3.8; Zac
8.23; Jn 4.9;Hch 14.1).

3. Los adherentes al culto de Jehová según se
practicaba en Jerusalén después del exilio (Est
3.4-6; Dn 3.8). Se distinguen de los gentiles, samaritanos y prosélitos (Jn 2.6; 4.9, 22; Hch 2.10; 14.1).
La expresión ahora es muy fluida. Se puede referir
a la religión y el nacimiento, a la religión solamente
o sólo al nacimiento.

Jueces, Libro de

Este libro del AT se llama así porque narra la historia de los tiempos de diversos gobernadores o jueces de Israel desde la toma de posesión de Canaán
hasta el tiempo de Samuel. En Jueces también se
encuentra el relato de las aventuras de Sansón.

Judit

1. Este libro deuterocanónico es una historia escrita originalmente en Hebreo, pero que ahora ya no
se encuentra en ese idioma. Relata que cuando el
general de Nabucodonosor, Holofernes, sitió la
fortaleza judía de Betulia, los sitiados fueron resca-
tados de su peligro por el sacrificio voluntario de

Judit, una mujer judía que se rindió a Holofernes, y por medio de estratagemas, logró cortarle la cabeza a Holofernes. La historia posiblemente fue escrita para encender el patriotismo con ocasión de alguna invasión.

2. Esposa extranjera de Esaú.

Junco

El papiro que antes crecía en el Nilo con sus raíces en el lodo del río. Ahora está extinguido en Egipto, aunque aún se encuentra en la parte alta del valle de Nilo. Cubre grandes extensiones en las aguas poco profundas del Lago Merom. El papiro era un tallo triangular de alrededor de dos y medio a tres metros de alto, y que termina en un follaje de hojas pequeñas. El papel se prepara presionando la médula para formar las hojas. Moisés fue puesto en una arquilla de juncos escondida entre los juncos del Nilo.

K

Kir

(Heb. «muralla») Nombre de dos lugares en el AT, uno de los cuales se identifica como Kerak, 11 millas (17 km) al oriente del Mar Muerto, 17 millas (unos 28 km) al S del Arnón.

L

Ladrillo

En el mundo antiguo se usaba ampliamente el ladrillo de greda cocido al sol, pero en Babilonia era secado en hornos. Los ladrillos solían estamparse con sellos y nombres. En muchas zonas el mortero era del mismo material que el ladrillo; en Asiria y Babilonia se usaba asfalto o betún a modo de mortero.

Lagartija

No es un hurón como algunos sugieren, probablemente es un reptil como la salamandra. El hurón está relacionado con la comadreja.

Lagarto

(Heb. «lapa») reptil de cuerpo escamoso, cola larga

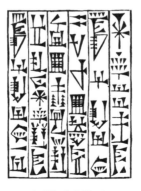

Ladrillo de Babilonia

y generalmente de cuatro patas. En Palestina hay una variedad de especies: la salamanquesa, el escinco, y los camaleones, y un lagarto espinoso más grande.

Lamentaciones

Libro del AT constituido por cinco poemas, ocasionado por la caída de Jerusalén y la cautividad babilónica. Las primeras tres elegías describen la terrible situación de la nación, el cuarto compara la historia pasada de Sion con su estado presente, y el último es una oración pidiendo compasión y liberación.

Lámpara

Véase Candelero

Langosta

L

(Heb. «pelar», «acabar») También se traduce des-

Lámparas antiguas usadas en el medio oriente.

tructor. Estos insectos se mencionan en hebreo bajo 9 nombres diferentes por lo menos:

1. Arbeh, generalmente traducido correctamente «langosta». La narración de la octava plaga en Egipto da un relato veraz de una invasión típicamente grave de langostas; un viento E las trajo del otro lado del istmo de Suez y un viento O las lanzó de regreso al mar Rojo, donde perecieron. Se clasifica entre los seres limpios.

2. Salam, aparece sólo una vez y se traduce «argol». La palabra parece ser de la misma raíz de sela, que significa roca; por eso podemos pensar en cierto tipo de saltamontes, que se deleitan tomando sol sobre las rocas, y que podría llamarse «langosta de roca».

3. Chargol. En el lenguaje vernáculo se llaman saltamontes o saltamontes de cuernos largos.

4. Chagab, usado generalmente por saltamontes, y muchas veces traducido así. Los saltamontes son más pequeños que las langostas.

5. Gazam, traducido oruga de palmera, se interpreta como la langosta en estado de larva o como la larva de mariposas o polillas. «Oruga de la palmera» no debiera aplicarse a la langosta.

6. Yelek. Muy difícil de traducir, más aun cuando no hay evidencias de que los diversos autores signifiquen la misma criatura. Se traduce «pulgón» y «oruga». Etimológicamente la palabra significa una criatura que chupa el pasto. Es evidente que se intenta describir una plaga de insectos.

7. Tzelatzal. La palabra significa «tinti-neo», instrumento musical y de allí se aplica a un insecto que produce sonidos musicales. Así el autor podría haberlo usado como el nombre de uno de los saltamontes cuyas agudas notas se oyen de lejos, o a la conocida cigarra, que es abundante alrededor del Mediterráneo.

8. Gob. Aparece varias veces y se traduce saltamontes o langosta; no puede referirse a un tipo particular.

9. Chasil, se menciona generalmente junto con la langosta, y se cree que se refiera a la langosta en su estado de larva. Pero en algunas versiones se traduce «oruga».

Langostín

Posiblemente el saltamontes de cuernos largos.

Langosta

Así se llama a veces a la fase gregaria de ciertos saltamontes de cuernos cortos. La langosta destruye la vegetación en todas las etapas de su vida.

Saltamonte (Langosta)

Langosta egipcia

Laodicea

Ciudad sobre el río Lico en Frigia, una de las más ricas de Asia Menor. Acuñaba sus propias monedas, comerciaba sabiamente y fue un centro cristiano del primer siglo. Destruida por un terremoto el año 60 d.C., tuvo suficientes recursos para enfrentar sola su reconstrucción.

Laúd

Instrumento parecido al arpa y a la cítara; se han encontrado ejemplares del período de 1500 a.C.

Laurel

No se refiere a una especie de árbol en particular, sino a un árbol que crece exuberante en su suelo nativo. La RVR 60 lo traduce «laurel verde» (Sal 37.35). No hay base para identificarlo con el laurel noble ni con otro árbol.

Lázaro

1. Lázaro, el mendigo en el relato de Jesús acerca del Rico y Lázaro, fue llevado al seno de Abraham al morir. Pero el rico fue llevado a los tormentos después de su muerte y quería que se advirtiera a sus hermanos de lo que les esperaba. Se le negó su petición.

2. Lázaro de Betania, hermano de María y Marta, fue resucitado después de estar cuatro días muerto. Este puede haber sido un importante factor detonante de la decisión de matar a Jesús: la incapacidad de explicar la resurrección de Lázaro enfureció a los sumos sacerdotes y a los fariseos.

Legumbre

Semillas comestibles como la lenteja.

Lejía

Carbonato de sodio nativo, o potásico, se encuentra en Egipto unas 50 millas (80 km) de El Cairo. Las referencias en Proverbios 25.20 (jabón, quizás soda) y Jer 2.22 (lejía). El carbonato potásico se preparaba en Palestina con cenizas de madera. La acción de vinagre neutraliza su efecto.

Lenguas, Hablar en

La glosolalia, que puede ir desde el balbuceo ininteligible a un posible lenguaje superior, se abrió a los apóstoles en su éxtasis cuando llegó la era mesiánica y pasaron a ser el pueblo del Nuevo Pacto, con Jesús como el Ungido.

Lentejas

Legumbre usada en la alimentación, miembro de la familia de las leguminosas.

León

Mencionado unas 130 veces en el AT, el animal era bien conocido por todo el Asia occidental el año 500 a.C. El león, emblema de Judá, era en todas las tierras símbolo de poder real y fuerza. Se le cazaba con fosos en el sendero o con redes.

Leopardo

Gran animal carnívoro hallado en Palestina sólo en el siglo 20. El chita, leopardo cazador, también era muy conocido y se halla en esculturas antiguas.

Lepra

El nombre hebreo significa «golpe». La enfermedad se consideraba como la peor aflicción que podía venir de la mano de Dios. La descripción se da en Lv 13-14 junto con las regulaciones relacionadas con ella. La «úlcera de Egipto» probablemente era la elefantiasis, que según se concuerda en general, era la enfermedad que aquejó a Job, y que es completamente distinta de la lepra. Se requería que los leprosos vivieran fuera del campamento o de la ciudad y que advirtieran a los que se acercaban gritando «¡Leproso, leproso!»

Leviatán

(Heb. «enrollada») Dragón primitivo y por extensión un monstruo marino; el cocodrilo. Véase Ballena.

Levitas

Personas encargadas del cuidado del Tabernáculo y del templo. Abarcan a todos los hombres de la tribu de Leví, con exclusión de los hijos de Aarón, aunque también eran levitas y podían desempeñar servicios levíticos. Eran apartados para el servicio en favor de los hijos de Israel. En la ocupación de Canaán se les asignaron 48 ciudades, esparcidas por todo el país, y se les proveyó campos para el pastoreo de su ganado. En el reinado de David fueron divididos en cuatro clases: (1) Asistentes del sacerdote en la obra del santuario; (2) Jueces y Escribas; (3) Porteros; (4) Músicos. Cada una de estas clases con la excepción de la segunda se subdividían en 24 suertes, o familias para servir en forma rotativa.

Levítico, Libro de

Tercer libro del AT. También se puede llamar «Libro de las leyes de los sacerdotes», dado que contiene muy poco material histórico y se dedica a la legislación sacerdotal y la práctica de la ley entre el pueblo. En Levítico se daba mucha importancia a la separación de Israel de toda influencia pagana para que la nación pudiera retener su pureza religiosa.

Ley, La

La más antigua colección de leyes descubierta hasta ahora es la de Ur, anterior al año 2000 a.C. Se han encontrado varios códigos igualmente antiguos, incluido el Código de Hamurabi. Todos estos muestran evidencia de ser más antiguos en realidad que las inscripciones halladas y traducidas. Lo que se llama Ley de Moisés, que se encuentra en el Pentateuco, también puede ser muy anterior a la verdadera fecha de transcripción. Es mandamiento y dirección para la conducta moral, judicial y ceremonial, llamada Torah por el pueblo judío. El código del Pentateuco es más humano en su sección judicial que otros códigos anteriores y mucho más delicado en sus secciones morales. En el tiempo del NT Jesús reconoció y aceptó el origen y autoridad divina de estas fases de la ley. Aunque la discusión de su extensión e interpretación aún continúan, son la base de gran parte del código del mundo civilizado de hoy. Véase Torah.

Líbano

(Heb. «blanco») Cadena de montañas al N de Palestina, con alturas superiores a los 11.000 pies (unos 3600 m.). Durante una temporada del año sus cumbres están cubiertas de nieve.

Libertos

Probablemente eran descendientes de judíos que habían sido llevados a Roma o a otros lugares por Pompeyo como prisioneros de guerra, y después habían recibido su libertad. No hablaban arameo, que era en ese tiempo el idioma de Jerusalén, de modo que establecieron sinagogas especiales para ellos.

Libra

Véase Mina.

Libro del Pacto

La expresión se refiere a Éx 20.23—23.33.

Liebre

Aunque se menciona sólo en las listas de Levítico y Deuteronomio, no hay dudas en cuanto a su traducción, puesto que la liebre es muy común, y el nombre árabe es igual al nombre hebreo. Se prohibía a los israelitas como alimento porque no tiene pezuña hendida, aun cuando (como dice entre paréntesis Moisés) rumia.

Limosna

(Gr. «compasión», «alivio del pobre») Mencionada frecuentemente y practicada de diversas maneras. En leyes escritas, se pedían los diezmos pensando en el pobre. Era usual el permiso para recoger espigas. Los que pasaban podían recogerlas mientras caminaban. Dar limosnas significaba un mérito para el dador.

Lino

Fibra que se produce en Egipto y Palestina desde tiempos remotos. Las cortinas del tabernáculo y las túnicas del sumo sacerdote eran de lino (Éxodo 27-29).

Lira

Antiguo instrumento de cuerdas hallado en Egipto y Asiria esculpido en relieve. David la tocaba. En forma especial la tocaban los levitas en el templo.

Marco de lira hecho de plata, de Ur, fechado de antes de Abraham.

Lirios

Puede ser el lirio escarlata o la anémona escarlata, o quizas se use poéticamente para referirse al león; una flor hermosa.

Lobo

El lobo es conocido en todo lugar como el terror de los rediles. El lobo de Siria es igual al de Europa, y anteriormente de Bretaña. El lobo se menciona a menudo en la Escritura como emblema de la ferocidad y de la sed de sangre.

Lot

Sobrino de Abraham, que viajó con Abraham hacia Canaán. La historia de Lot se encuentra en Gn 11.27—14.29; 19.

Lucas

Un gentil, médico, hombre educado, conocedor del Mediterráneo oriental y los países adyacentes, que aparece en hechos como compañero de Pablo desde Troas a Filipos, donde probablemente permaneció desde 52-58 d.C., y se reunió con el apóstol en ese lugar hasta el momento en que se cierra la narración (58-63 d.C.). En 2 Ti 4.11 se menciona que está junto a Pablo. De aquí que el evangelista puede haber estado en Palestina durante los dos años de encarcelamiento de Pablo en Cesarea (58-60 d.C.).

Lucas, Evangelio según,

Este libro del NT, tercer evangelio, fue escrito por «el médico amado», compañero del apóstol Pablo. Sólo en Lucas se encuentran el Magnificat, el nacimiento de Juan el Bautista, la historia de la Navidad con los pastores, las parábolas del Buen samaritano, la Oveja perdida y el Hijo pródigo, y los grandes himnos: Gloria in Excelsis y Nunc Dimitis. Jesús se presenta como el Salvador compasivo, sa-

nador, redentor y amigo del débil. De este Evangelio viene un sentimiento especial de la misericordia
de Dios cuando Jesús hace que los hombres lo en-
tiendan.

Lucifer

(Lat. «portador de luz») Hijo de la mañana es el
nombre que da el profeta al rey de Babilonia en su
orgullo, esplendor y gloria previo a su caída, cuando decía: «Subiré al cielo; en lo alto, junto a las estrellas de Dios, levantaré mi trono» (Is 14.12-13).

Lugares Altos; santuarios

Cuando Abraham apareció en su país los cananeos
adoraban sus dioses en lugares altos. Generalmente había bosques relacionados con la cumbre de
esos cerros y otros sitios. El santuario era un templo con un altar que solía estar en un lugar elevado.
Los israelitas recibieron mandato de Dios para destruir los lugares altos de los cananeos, los bosques y
los altares, generalmente dedicados a los dioses locales, pero en esto ellos fueron siempre negligen-
tes. A veces simplemente se apoderaban del lugar
alto. Ezequías fue diligente en su destrucción, pero
muchos de los reyes fueron indiferentes. El santuario obtuvo reconocimiento sólo después de largo
tiempo.

LXX

Véase Septuaginta.

Lluvia

En Palestina llueve de diciembre a marzo. El principio de la estación de las lluvias se llama lluvia temprana, y el final, lluvia tardía. Los veranos son secos, casi sin lluvias.

Macabeos

Familia de linaje sacerdotal que liberó al pueblo judío del yugo sirio. El nombre Makkaba (martillo) corresponde propiamente a Judas, el tercero de los cinco hijos de Matatías que, desde la muerte de su padre el año 166 a.C. hasta su muerte en la batalla de Elasa o Adasa el año 161, guió a los defensores de su país y de su fe en una de las más heroicas luchas de la historia. Sus hermanos completaron su obra, que fundaron la dinastía asmonea.

Macedonia

En el NT, provincia romana en el N de Grecia, con la de Acaya en el S. La visión de un varón macedonio llamó a Pablo para ir allá, y la visitó una segunda vez. Filipos era una de sus principales ciudades; Lidia se convirtió allí.

Madera olorosa

Madera dura, fragante de un ciprés de África del N.

Madianitas

Tribu que vivía en el NO de Arabia, descendientes de Cetura y Abraham. Eran nómadas y comercian-

tes con Egipto, y hacían pillaje contra Israel hasta
que fueron vencidos por Gedeón.

Magos

En el NT, son sabios que vinieron del oriente a
adorar al Cristo bebé. Se da el nombre de mago a
Elimas en Hch 13.6, 8, nombre que quiere decir
«hechicero», y a Simón que usaba la «hechicería»
(Hch 8.9).

Malaquías

(Heb. «mi mensajero») Profeta del antiguo Testamento.

Malaquías, Libro de

El último libro del AT corresponde a los tiempos
de Nehemías. El mensaje del profeta se dirige a los
sacerdotes y al pueblo, y los acusa de indiferencia,
dudas e inmoralidad. Malaquías habla de la venida
del día de Jehová y termina el libro con una profecía sobre Juan el Bautista.

Maldición

En la guerra de la antigüedad de los israelitas, y de
las naciones vecinas, el enemigo y todas sus perte-
nencias eran puestas bajo maldición o prohibición.
Así en la Piedra Moabita se lee: «Destruí toda la población de la ciudad para deleitar la vista de Quemos y Moab». *Véase además,* Anatema.

Malvas

Probablemente un arbusto pata de gallo, cuyas hojas se pueden comer como las espinacas cuando ya
no hay otra cosa disponible.

Maná

(Heb. «¿qué es eso?») Alimento provisto a los Israe-

litas en el desierto. Algunos estudios en la región de
Sinaí dan como teoría para explicarlo que es una se-
creción melosa de dos insectos escamosos que
abundan en los arbustos del tamarisco, muy dulce
y alta en carbohidratos. De cualquier modo, se trata de una provisión milagrosa de Dios.

Manasés

(Heb. «uno que hace olvidar») Nombre de dos personas en el AT, uno de los cuales es el hijo mayor
de José y progenitor de una de las doce tribus; el
otro fue rey de Judá (687-642 a.C.).

Manasés, Oración de

La menciona dos veces el Cronista (2 Cr 33.18, 19).
La Oración de Manases que se encuentra en los
Apócrifos es un noble monumento a la devoción.
La iglesia cristiana primitiva la puso como uno de
los 9 cánticos a la cabeza del salterio.

Mandamientos

Véase Diez Mandamientos.

Mandrágora

Llamada manzana del amor, una hierba perenne,
relacionada con la ponzoñosa hierba mora y la be-
lladona. Supersticiosamente se consideraba un
afrodisíaco.

Manzana

Es una fruta que se produce muy mal en las tierras
bíblicas, si es que se produce. Por eso se ha tratado
de identificar qué fruta es la que se ha traducido
manzana (del manzano). De las frutas sugeridas, el
damasco parece ser el más adecuado al texto bíblico.

Manto, ropa

Prenda de vestir usada debajo de la capa, generalmente con un cinto para atarla por la cintura.

Marchewan

Nombre del octavo mes del año hebreo, también llamado Bul.

Marcos, Juan Marcos

Era hijo de María, en cuya casa en Jerusalén los cristianos parecen haber encontrado un hogar. Era primo de Bernabé, y el asistente de los dos predicadores en el primer viaje misionero de Pablo. Pero provocó una grave disputa entre Pablo y Bernabé por haberlos abandonado en Perge. Sin embargo, más adelante estuvo con Pablo en su primer encarcelamiento en Roma. El apóstol Pedro se refiere a Marcos como que está con él al escribir su Primera Epístola, probablemente en Babilonia. Evidentemente el evangelista hizo un viaje hacia el oriente alrededor del año 63 d.C., y estuvo con Timoteo en Éfeso poco antes de la muerte de Pablo. Faltan detalles fidedignos de su vida posterior. Se le llama intérprete de Pedro, y, según la tradición, fue el fundador de la iglesia en Alejandría. Su Evangelio quizás haya sido escrito en Roma entre los años 63 y 66 d.C.

Marcos, Evangelio según

El más antiguo de los evangelios, este libro del NT contiene en gran medida las enseñanzas de Pedro. Este Evangelio presenta a Jesús como el hombre de poder, el fuerte y activo Hijo de Dios; su clímax se alcanza cuando Pedro hace su gran confesión: «Tú eres el Cristo».

Mardoqueo

Nombre de 2 personas del AT, uno de los cuales es una personalidad importante dentro del libro de Ester.

María

Nombre de siete mujeres en el NT, una de las cuales es la madre de Jesús. Otra María era la hermana de Lázaro; una tercera es la madre de Jacobo el Menor, y una cuarta, María Magdalena.

Mármol

El nombre se aplica adecuadamente a una piedra caliza completamente cristalina, según se usa para estatuas, pero se aplica comúnmente a cualquier piedra ornamental que se puede pulir. En Palestina, probablemente a esto se le llama mármol.

Mar Muerto

La masa de agua en la desembocadura al sur del Río Jordán se llama en la Biblia Mar Salado, Mar del Arabá, Mar de la llanura. Tiene unas 53 millas de largo por 10 millas de ancho (aprox. 85 km x 16 km). Tiene 1.500 pies (unos 500 m) de profundidad y su superficie está a 1.292 pies (430 km) bajo el nivel del mar. Es sal en un 25%, esto es, cinco veces más salado que el océano. Sus compuestos minerales son el cloruro de magnesio, sodio, calcio y potasio, y bromuro de magnesio.

Mar Rojo

Está ubicado entre Arabia y África, con unas 1200 millas (cerca de 2000 km) de largo, y 130 a 250 mi-

llas (208 a 330 km) de ancho. Las aguas tienen una
profundidad de 7.200 pies (unos 2400 m). El cruce
de los israelitas debe de haber sido en la curva del
Mar Rojo o a través de los lagos entre el mar y el
delta del Nilo y el Mediterráneo; hay diversas rutas
posibles, pero no se ha determinado cuál se usó.

Masoreta

Hasta fines del siglo quinto d.C., la tradición de la
pronunciación aceptada del texto sin vocales se
mantuvo viva por la enseñanza oral de los rabinos
y por la recitación de las Escrituras en las sinagogas. La reducción a escritura de esta tradición exe-
gética fue obra de eruditos llamados masoretas (de
Masora, «tradición»), cuyo centro principal era la
escuela de rabinos de Tiberias. Se dieron gran trabajo para que los textos se mantuvieran completos,
para lo cual contaban el número de palabras y aun
el número de letras en los diferentes libros, anotan-
do las expresiones que se producían sólo una vez o
muy pocas veces, llamando la atención a modos
peculiares de escribir y cosas semejantes. Un gran
servicio prestado por los masoretas fue el diseño de
un sistema de puntos y trazos vocálicos que se escribían debajo, sobre o en medio de las consonantes, y denotaban exactamente cómo debían
leer las palabras los eruditos de su tiempo. Se consideran como cosa aparte del texto sagrado y los rollos del Pentateuco utilizados en la sinagoga
estaban escritos sólo con consonantes como se habían recibido originalmente. Estrechamente co-
nectado con el sistema vocálico está el sistema de

acentos, que indica la manera en que las palabras y las oraciones deben ser separadas o unidas, y además forma una especie de notación musical, según la cual las Escrituras deben ser recitadas melodiosamente. El texto con este arreglo de símbolos se llama texto masorético; y nos da lo que era la lectura tradicional en el tiempo que se acabó esa obra.

El texto masorético, con su equipamiento completo, no se puede fechar antes del siglo séptimo de la era cristiana. Pero nos da una tradición que se remonta a épocas mucho más antiguas; es motivo de gratitud que en la transmisión del texto, los masoretas no se dejaron desviar ni en el más mínimo detalle de lo que ellos habían recibido. En el texto, tal como lo han trasmitido, hay indicaciones evidentes de los que han sido deslices ortográficos o errores del ojo de los transcriptores, pero los masoretas aun dejaron pasar estas cosas, contentándose con llamar la atención a su presencia.

Mateo

(Heb. «don de Yah») Llamado también Leví, hijo de Alfeo. Cuando fue llamado a ser discípulo era publicano o cobrador de impuestos, probablemente cobrador de tasas y derechos aduaneros en el mar de Galilea. Su llamamiento se narra en los tres evangelios Sinópticos, pero aunque se refiere a la fiesta que Marcos y Lucas claramente ponen en su casa, él mismo no hace alusión al hecho. Papías e Ireneo, escribiendo en el siglo segundo, afirman que Mateo escribió en hebreo (arameo). Las citas más antiguas, algunas de ellas en obras de la primera mitad del segundo siglo, dan las palabras exactas del Evangelio en griego como lo tenemos ahora, y no se han descubierto vestigios de un previo evangelio en arameo. Si hubo un original arameo, fue superado muy pronto por una versión griega. La fecha muy temprana que se le suele asignar (45 dC) puede ser la correcta si se aplica a un original arameo; pero el Evangelio en griego pudo haber sido escrito hacia el año 60 dC.

Mateo, Evangelio según

Este primer libro del NT ha sido prominentemente el Evangelio de la Iglesia. Nos habla del amor de Dios hacia Israel y del cumplimiento en Cristo de la promesa de Dios a la nación. Da una historia completa del ministerio, muerte y resurrección de Jesús. El Sermón del Monte y algunas de sus parábolas más bellas se encuentran en este Evangelio.

M

Matsebah

Palabra hebrea que denota un pilar sagrado, una columna o una piedra levantada como señal o testimonio.

Medidas

Bato = un efa = 37 litros o 5,5 galones; medida para líquidos.

Cab (áridos) = 1/ 18 de efa = 2,5 litros = 1,16 cuarto de galón

Codo (longitud) = 45 cm (21,8 pulg.) del codo a la punta de los dedos

Coro (líquidos o áridos) = 10 batos = 370 litros o 55 galones

Efa (áridos) = 37 litros (1 / 2 bushel), unidad básica

Gomer = 1 / 10 de un efa = 3,7 litros = 2,9 cuartos

Hin (líquidos) = 1 / 6 de un bato = 6,2 litros

Homer (áridos) = 10 efas = 370 litros = 5,16 bushels

Log (líquido o árido) = 1 / 12 de un hin = 0,5 litros = 0,67 pinta

Seah (áridos) = 1 / 3 efa = 12,3 litros = 2 / 3 peck

Medos

Pueblo ario o indoeuropeo, que habitaban en el territorio al SO del mar Caspio, desde donde se extendieron hacia el sur, en dirección al golfo Pérsico. Una de sus ramas fue la tribu de los persas. También se les llama madai.

Megido

Ciudad cananea y luego israelita identificada como la moderna Tel el-Mutesellim, que mira hacia el valle de Esdraelón, 20 millas (unos 32 km) al SSE de Haifa. Como área habitada tiene una historia de más de 3.500 años. Egipcios y gente venida del oriente la destruyeron. Tutmosis III de Egipto alrededor de 1450 aC, Tiglat Pileser III el asirio en 733 a.C. y Necao de Egipto, el año 609 a.C. la destruyeron completamente. Durante su larga historia ha sido ciudad amurallada, ciudad de los carros reales, ciudad de gran esplendor, sitio de muchas batallas. Se cree que es el lugar de Armagedón, la lucha final. Véase Armagedón.

Melquisedec

(«Rey de justicia») Adorador del Dios supremo a quien Abraham le dio los diezmos como sacerdote y rey de Salem. En He 7 se presenta como un tipo de Cristo.

Melón

Fruta que los israelitas conocieron en Egipto y que añoraban mientras estaban en el desierto. Tanto los melones como las sandías son comunes en Egipto.

Menfis

Ciudad de Egipto.

Menta

(Gr. «olor dulce») Hierba, cuyo aceite se usaba como condimento y medicina. Diversas especies se dan en Palestina. Los fariseos requerían el diezmo aun de la menta, pero descuidaban la ley y la justicia, la misericordia y la fe.

Meriba Cades

Véase Cades

Merodac-Baladán

Rey de una tribu caldea y dos veces rey de Babilonia (721-710, 704 a.C.); Jer 50.2.

Mesa

Nombre de 2 personas y un lugar en el AT, y del rey de Moab, que erigió la piedra moabita, que preserva una crónica de su historia.

Mesac

Nombre babilónico de uno de los amigos de Daniel. Véase Sadrac.

Mesías

(Heb. «ungido», equivalente al gr. «Cristos») A lo largo del AT a veces se aplica a agentes divinamente ordenados como el sumo sacerdote, los profetas

Menta

y aun el rey Ciro (Is 45.1); principalmente designa al Libertador y Salvador prometido, anunciado por la profecía y en quien se cumplen todas las promesas de Dios.

Mesopotamia

(Gr. «en medio de ríos») Territorio entre los ríos Éufrates y Tigris

Miguel

(Heb. «semejante a Dios») Uno de los arcángeles.

Milagro

(Lat. «lo maravilloso») Definido como evento natural o sobrenatural, en que uno ve un acto o revelación de Dios.

Milcom

Véase Moloc.

Milo

Una parte de la fortificación de Jerusalén, construida por David.

Millo

La más pequeña de las semillas de pasto que se cultivaba para alimentación; generalmente se mezclaba con otras semillas o granos.

Mina

Las medidas griegas, mina y lipta, y la latina libra, eran medidas de capacidad y además de peso, de 12 onzas, igual que la libra Troy. Véase Pesos.

Miqueas

(Heb. «¿quién como Jehová?») El profeta Miqueas, contemporáneo de Isaías.

Miqueas, Libro de

La profecía del cuarto del gran cuarteto de profetas del siglo octavo aC, con Amós, Oseas e Isaías, que predicaron contra las naciones idólatras e injustas de su generación. El mensaje de Miqueas era severo e insobornable; el juicio vendría muy pronto contra Judá.

Mirra, perfume

Palabra general para gomas o resinas fragantes de diversos árboles y arbustos, más frecuentemente la

jara, el ládano. Era un artículo comercial ya en el
segundo milenio a.C.

Mirtos

Arrayán, en Is 55.13; mirto, Zac 1.8. Arbusto origi-
nario de Asia occidental y común en las laderas de
Palestina, que florece principalmente junto a las
corrientes de agua. La hoja es verde oscura, brillante, marcada con puntos trasparentes y su espíritu
resulta en un aceite aromático, volátil. Las flores
son blancas, pequeñas y fragantes; cuando se secan
se usan como perfume.

Mizpa

(Heb. «atalaya») Nombre de cuatro pueblos y una
región del AT; 2 de los pueblos y la región han sido
identificadas tentativamente.

Mizraim

Palabra hebrea para Egipto; también se aplica a la
tierra de Musri, de la cual Salmanasar obtenía los
camellos de dos jorobas. Salomón importaba caballos de un lugar de ese nombre.

Moabitas

Pueblo aliado de los israelitas establecido de antes
del tiempo de Moisés al SE del Mar Muerto. Como
los amonitas, de quienes estaban separados por el
río Arnón, eran descendientes de Lot, y enemigos
mortales de Israel. Fueron sometidos por Saúl y
David, y después de la muerte de Acab se sacudie-
ron el yugo del reino del norte. A este período pertenece la Piedra Moabita. Jeroboam II volvió a
hacerlos tributarios.

Moabita, Piedra

En 1868 se halló una inscripción entre las ruinas de Dibón, que da un relato del Mesa, rey de Moab, de exitosa rebelión contra Samaria, y de sus edificaciones en Moab. «Omri, rey de Israel, oprimió a Moab muchos días, porque Quemos estaba airado con su tierra». Luego, Mesa se rebeló en el tiempo de Acab. Derrotó a los israelitas, tomó Medeba, Atarot, Jazz y Nebo, donde había habido un altar a Jehová, y reedificó Korkhah, Aroer, Bezer y otras fortalezas. De 2 R 3.5 se desprende claramente que los principales éxitos los obtuvo Mesa después de la muerte de Acab. El lenguaje de las inscripciones apenas difiere del hebreo.

Moisés

El gran libertador y legislador de Israel era hijo de Amram y Jocabed, de la tribu de Leví, hermano menor de María y Aarón. Nacido durante la opresión de los israelitas en Egipto, cuando era un bebé fue puesto en una arquilla de juncos en medio de los carrizales en el río Nilo, donde lo encontró la hija de Faraón. Criado en la casa de Faraón llegó a ser entendido en toda la sabiduría de los egipcios. A los 40 años huyó a Madián, por temor a la ira del rey por haber dado muerte a un egipcio al que había encontrado maltratando a un hebreo. En Madián se casó con Séfora, hija de un sacerdote y sheik, y vivió allí por cuarenta años. Luego Dios se le reveló como Jehová en una zarza que ardía y no se consumía, y le dio la comisión de volver a Egipto y liberar a Israel. Después de 10 milagros de juicio o «plagas» obradas por medio de Moisés, de los cuales el más grande fue la muerte de los primogénitos, Faraón consintió y los hijos de Israel salieron hacia Canaán. De allí en adelante y por cuarenta años Moisés fue su líder en el desierto: en Sinaí, donde recibió la ley del cielo, en Cades y en la tierra de Moab, donde murió después de contemplar la tierra prometida desde la cumbre del monte Pisga. Moisés, «el mediador del antiguo pacto» es uno de los personajes más grandes de la historia. Convirtió a los hijos de Israel en una nación, y estableció la vida nacional de Israel sobre la base de un pacto religioso que determinó todo el futuro de ese pueblo y del mundo.

Moler

El grano se molía en molinos a mano o molinillos que estaban formados por dos piedras duras, circulares, en que una giraba sobre la otra por medio de una clavija o mango. El trabajo generalmente lo realizaba la mujer. La Ley prohibía tomar un molino en prenda.

Molino

El molino manual estaba formado por dos piedras, entre las cuales se molía el grano. Una piedra rectangular ligeramente cóncava podía desplazarse sobre una piedra sobre una más grande, o dos piedras redondas, la de abajo convexa y la de arriba cóncava. Se le ponía grano para moler a través de un agujero en el centro de la piedra superior. Estos molinos los usaban las mujeres en la casa. La piedra grande de molino que giraba sobre una inferior plana movida por animales era una empresa comunitaria. No se podía recibir en prenda ninguna parte de un molino manual.

Moloc

Divinidad a la que amonitas, edomitas, moabitas y otros ofrecían sacrificios humanos. El valle de Hinom, en las afueras de Jerusalén era el lugar de los sacrificios a este dios.

Monedas

En el sentido de monedas estampadas, el dinero no existió en Israel antes del exilio. En las colonias griegas del siglo séptimo a.C. y en Lidia hay vestigios de dinero acuñado, puesto que fue un invento de los griegos. Al principio el oro y la plata los «pesaba» el comprador para darle al vendedor. El nombre de la unidad común, el siclo, significa «peso» (cf. el castellano «peso», el inglés «pound», «libra», el francés antiguo «livre», y el italiano «lira», del latín «libra», «un peso». Los trozos de metal tenían forma de barras (cf. el lingote de 50 siclos en Jos 7.21), piezas mayores tenían forma de anillos, como el nombre hebreo para el talento («círculo") indica. El peso de dinero en forma de anillos se representa en monumentos egipcios. La balanza y los pesos (de piedra) eran llevados con el metal precioso en una bolsa atada al cinturón.

Investigaciones recientes han probado que el valor del oro en relación con la plata se fijaba en Babilonia y Asiria, 1:13 ½ , prevaleció sobre toda Asia occidental (en Grecia la relación era 1:12). Todo el sistema monetario de los hebreos y de sus vecinos

Cuarto de siclo de plata

Moneda de cobre de Chipre

Dárico

se basaba en el sistema babilónico de pesos. El talento peso de los babilonios era igual a 60 minas de 60 siclos cada uno; pero el talento moneda babilónico era igual a 60 minas de 50 siclos cada uno. La unidad, el siclo, era igual en ambas naciones.

Darío I Histaspes, divulgó la circulación de monedas, pero la moneda de oro llamada dárico fue utilizada primero por el rey Ciro (550-530 a.C.). Después del exilio el dinero persa se hizo común. Después de la caída de la monarquía persa. Se introdujeron los talentos y las dracmas. Simón Macabeo (141 a.C.) acuñó monedas de plata y bronce, de las cuales todavía subsiste una cantidad, pero el dinero griego aún era común, y en el tiempo de nuestro Señor lo contaban por dracmas y estateros. La moneda de cobre más pequeña en uso se traduce blanca.

Monedas de la Biblia

Asarion, moneda romana de bronce, 1/10 a 1/20 de denario. Véase *denario*.

Áureo, moneda romana de oro. Su peso fue cambiado repetidas veces.

Beka o *Beca*, medio siclo, 0,201 onzas.

Blanca, la moneda judía más pequeña, equivalente a medio cuadrante.

Cuadrante, moneda romana, equivalente a un cuarto de asarion.

Dárico o *Dram*, moneda persa de oro, 8,424 gramos.

Denario. Moneda romana. Era el salario de un

Blanca de Herodes el Grande

Siclo del santuario

Moneda de cobre de Herodes Agripa II

día de un trabajador, o de un soldado en el tiempo de nuestro Señor = 3,8 gr. de plata.

Dracma, moneda griega de plata, casi equivalente con el denario romano.

Gera, 1/20 siclo, 0,57 gramos de plata.

Lepton, la moneda griega más pequeña. Posiblemente 1/100 de dracma. Véase *blanca*.

Libra de plata AT = 50 siclos = 570 gr. de plata.

Mina, o libra de plata (NT) = 100 dracmas, 360 gr. de plata (sólo en Lc 19.13-25).

Monedas, Gn 33.19; pieza de dinero, Job 42.11; Jos 24.32 son de valor desconocido. En el NT, estatero (sólo en Mt 17.27), moneda de plata, la tetradracma (cuatro dracmas) de plata Ática, oficialmente tarifada por Pompeyo en 63 a.C. con fines de intercambio en 4 denarios.

Oro, el áureo romano = 25 denarios, de oro puro, y pesaba 126.25 granos.

Piezas de plata, probablemente se refieran al siclo. En el NT monedas de plata representan la dracma griega o el siclo de plata.

Siclo (Heb. «peso», sólo en el AT), 11,4 gramos de plata. El «siclo del santuario» mencionado en Éxodo, Levítico y Números significa el siclo de peso completo, en contraste con el que se había deteriorado en su peso.

Talento, unas 75 libras.

Monos

Salomón los importaba (1 R 10.22). En monumentos asirios y egipcios se representan babuinos, monos y simios.

Denario con la imagen e inscripción de
Tiberio César

Medio-siclo de plate del año 1

Moneda de cobre del procurador

Moneda de plata de Vespasiano,
conmemorando la toma de Jerusalén

Moneda de cobre de Herodes Antipas,
tetraca de Galileo

Dracma de plata de Alejandro Magno encontrado en Irán en la Teso-
rería de Persépolis, antigua capital de Persia.

Monstruo Marino

Véase Ballena.

Monte Hor

Véase Hor, Monte.

Monte Seir

Véase Seir, Monte

Moria

Región cerca de Beer-seba, mencionada en el AT. También colina rocosa de Jerusalén al N de la ciudad de David, y lugar del templo.

Mosca

Dos palabras hebreas se traducen mosca, una la mosca ordinaria que se encuentra en las casas y la otra se refiere a la mosca del caballo o tábano. La mosca que pica, la cuarta plaga que visitó a los egipcios, se expresa con una palabra distinta en el hebreo.

Mosquito

Entre los insectos más pequeños se usan en metáforas para enfatizar el contraste, por ejemplo, con un gran animal como el camello (Mt 23.24).

Mostaza

Planta anual que da una semilla muy pequeña. Crece hasta un tamaño considerable en Palestina.

Murciélago

Clasificado entre las criaturas aladas inmundas, pululan en las numerosas quebradas, cavernas y ruinas de Palestina (Lv 11.19; Dt 14.19; Is 2.20).

Música

Según 1 Cr 15.17, David recibe el crédito como iniciador de la música litúrgica; instituyó una orquesta con tres directores: Hemán, Asaf, Etán o Jedutún, todos ellos levitas. Estos pioneros fundaron escuelas de ejecución musical. Los instrumentos que usaban eran de percusión, címbalos y timbales o tamboriles; de cuerdas, salterios y arpas; de viento, bocinas y trompetas. Los coros del templo can-

Mostaza

taban antífonas, y la congregación cantaba. Los sacerdotes del templo usaban trompetas y bocinas en las ocasiones especiales, y la familia sacerdotal también formaba una orquesta.

Instrumentos musicales antiguos

Naamán

(Heb. «cortesía») Comandante del ejército sirio, sanado de su lepra por Eliseo.

Nabucodonosor

(Acádico, «Nebo protege mi piedra de límite») Rey de Babilonia durante 43 años. En una inscripción registra la derrota del faraón Amosis el año 567 aC, que verifica la profecía de Jeremías (40.10-13); y una tablilla de contrato fechada en su año 40, demuestra que por ese tiempo había conquistado Tiro, confirmando Ezequiel 28.7-14.

Nahum

Nombre de una persona en el AT y una en el NT. El del AT es el profeta autor del libro de Nahum, nacido en Elcós al SO de Judá; profetizó en el período entre los años 633 y 612 a.C.

Nahum, Libro de

Este libro del AT está formado por dos poemas. El profeta cuenta la caída de Nínive, la capital de Asiria. Se describe a Dios como vengador contra quienes conspiran en su contra. El libro de Nahum también contiene una represión clásica contra la guerra y el militarismo.

Naín

(Heb. «agradable») Pueblo al SO de Galilea, ahora llamada Nein, al costado NO de Nebi Dahi y 2 millas (poco más de 3 km) al SO de Endor.

Nardo

Hierba perenne con una raíz aromática; miembro de la familia de la valeriana y nativa de la India. El ungüento era muy caro.

Natán

(Heb. «don») Profeta de la corte que reprendió a David por planificar la muerte de Urías y de quitarle la esposa; también ayudó a la ascensión de Salomón al trono.

Natanael

(Heb. «don de Dios») Hombre de Caná de Galilea que suele identificarse con Bartolomé.

Nazareo

(Heb. «consagrado») No eran miembros de un partido ni de una hermandad, sino individuos apartados para el servicio especial a Dios por un voto personal de larga o corta duración. De esta naturaleza era probablemente el voto de los hombres nombrados en Hch 21.23-26, y aun de pablo (Hch 18.18). El típico nazareo del NT es Juan el Bautista

Nazaret

(Heb. «atalaya») Aldea en la baja Galilea donde se crió Jesús. No se menciona en el AT. En la actualidad es una ciudad floreciente. «La cumbre del monte» probablemente sea un monte hacia el N.

Nebo

Nombre de una divinidad babilónica, y de dos pueblos mencionados en el AT, uno probablemente Kirbeh Mekhayyet, 5 millas (8 km) al SO de Hesbón, y el otro Nuba, 15 millas (24 km) al SO de Jerusalén.

Nehemías

(Heb. «Yah ha consolado») Nombre de tres personas en el AT, uno de los cuales fue (con Esdras) el restaurador del judaísmo después del exilio babilónico. Fue copero del rey persa Artajerjes I, que le dio permiso para regresar a Jerusalén con una colonia (445 aC). Designado gobernador de Judea, reedificó los muros de la ciudad a pesar de la oposición de los samaritanos y otros, y organizó el servicio a Dios. Regresó a Persia el año 430 aC.

Nehemías, Libro de

Esdras y Nehemías son libros complementarios en el AT. Nehemías (o Segundo de Esdras) da un relato de la reconstrucción de Jerusalén y de los esfuerzos por introducir la reforma religiosa en el pueblo, abarcando la historia de los judíos desde el exilio hasta el tiempo de Darío II.

Nicodemo

(Gr. «conquistador del pueblo») Miembro del Sanedrín, que visitó a Jesús de noche para conversar con él. Proveyó las especias y ayudó a embalsamar el cuerpo de Jesús.

Nicolaítas

Nombre de una secta de cristianos gentiles en Éfeso y Pérgamo, que rechazaron la decisión del Concilio de Jerusalén respecto de los alimentos y la prohibición de la fornicación.

Nilo

El gran río fertilizador de Egipto. El nombre, que significa «oscuro» o «azul» no se encuentra en la Biblia, pero las referencias a Shihor, o río negro o «el río» se atribuyen al Nilo. Está formado por dos ríos: El Nilo Blanco, que fluye desde Victoria Nyanza, y el Nilo Azul, que fluye desde los montes de Abisinia. Las dos corrientes se unen en Kartum.

A la crecida anual del Nilo, causada por las lluvias en las regiones del sur, en sus fuentes, debe Egipto su fertilidad. Al N de El Cairo el río se divide en canales en el Delta. Los nombres y localizaciones de éstos, y los patrones precisos de la antigüedad no se conocen.

Nimrod

Héroe legendario de la región mesopotámica. Las leyendas pueden haberse desarrollado en torno del dios babilónico de la guerra, Ninurta, o un personaje histórico, el rey asirio Tukulti-Ninurta (1246-1206 a.C.), primer rey asirio que reinó sobre toda Babilonia. Nimrod, hijo de Cus, tiene una grandeza legendaria.

Nínive

Capital de Asiria después que el reino se hubo ex-

Toro con alas del palacio de Sargón cerca de Nínive

tendido hacia el norte a lo largo del Tigris desde Asur, la gran ciudad del Alto Tigris, que ha dado una completa historia monumental de Asiria. Se ha hallado una inscripción de la dinastía de Acad (siglos 23 a 21 aC) en las excavaciones. Fue destruida hacia el año 612 aC por los aliados Medos, Persas y Babilonios, después de ser arruinada por los escitas.

Nipur

Ciudad a unas cien millas al sur de Bagdad, fundada alrededor del 4000 a.C.

Nisán

Primer mes del año hebreo. También se le llama Aviv. Equivale a marzo/abril.

Noé

Décima generación desde Adán, hijo de Lamec; hombre justo cuya historia se cuenta en Gn 6-9. Después del diluvio Dios prometió a Noé que nunca volvería a producir una catástrofe tan grande, y el arco iris fue declarado prenda de su promesa. Véase Diluvio.

N

Nube

Véase Columna de nube y de fuego.

Nueva Jerusalén

Véase Jerusalén, La Nueva.

Números, Libro de

El cuarto libro del AT es una continuación de Éxodo; registra la permanencia de los israelitas en el desierto de Sinaí hasta su llegada a Moab. El título del libro se debe a los dos censos del pueblo que se registran en él.

O

Obispo

(Gr. «supervisor») En el NT uno de los superviso-res de una congregación cristiana, sinónimo con presbítero o anciano.

Ocozías

(Heb. «Yah ha agarrado») 1. Octavo rey de Israel. 2. Sexto rey de Judá.

Oficios

Muchos artesanos trabajaban en sus casas o tenían un taller; a veces un solo oficio ocupaba una zona especial de la ciudad. El número y diversidad de oficios creció notablemente por el contacto con los cananeos y con los babilonios durante el exilio. Entre los artesanos se cuentan fabricantes de botes, carpinteros, fabricantes de redes, carpinteros, talla-dores de madera, mueblistas, talladores de marfil y alabastro, tejedores, curtidores, orfebres, plateros, trabajadores del bronce, trabajadores del cuero, fa-bricantes de tiendas, de alfombras, de cuerdas, de canastos, abatanadores, tintoreros, joyeros, vidrie-ros, fabricantes de lámparas, alfareros.

Ofir

Lugar donde se obtenía el oro. Se ha localizado en India, África y Arabia; parece probable que estuvie-ra en la costa de Somalia. Las importaciones desde Ofir, aparte del oro, parecen característicamente africanas, como el mono y el marfil.

Olivo

Injertado en cepa silvestre, el olivo se cultiva exten-samente en Palestina por su valioso fruto y el aceite que se extrae de él. Los querubines, las puertas del oráculo y los postes del templo eran de esta madera hermosamente veteada.

Olivo, Madera de

La expresión puede incluir el olivo, olivo silvestre, el acebuche y algunos pinos.

Olivos, Monte de los

Monte con tres cumbres al E de Jerusalén; la más elevada, llamada a veces Monte Escopus tiene 2.963 pies (unos 590 m). Getsemaní está en su ladera más baja. El Monte de los Olivos está estrechamente vinculado con los últimos días de la vida de Jesús.

Olmo

Traducción errónea de elah (Os 4.13), traducido en otros lugares como encina, roble o terebinto. El olmo no se encuentra en Palestina. Véase Terebinto.

Omega

Última letra del alfabeto griego. Se usa en Apocalipsis como título de Cristo, puesto que en Él encuentran su consumación todas las cosas.

Omri

(Heb. «adorador de Yah») Nombre de cuatro personas en el AT, una de los cuales fue rey de Israel (886-874 a.C.).

Nombre de cinco sacerdotes, dos de los cuales fueron sumo sacerdotes. Eran descendientes de Sadoc, que fuera ordenado sumo sacerdote por Salomón. Corresponden a la época íntertestamentaria. No aparecen en los libros canónicos; sólo en los libros de los Macabeos.

Ónice

Calcedonia con bandas que alternan los colores blanco lechoso y negro. A veces se usa para expresar el color negro.

Ornamentos

Véase atavíos.

Braceletes egipcios

Oro

Este material no se obtenía de Palestina; en parte se importaba de Seba (parte de Arabia) y de Ofir. Este distrito se ha identificado con la costa occidental de la India y con alguna parte en la costa oriental de África. Parte del oro venía de Nubia, a través de Egipto. El oro, como lo conocemos del contenido de tumbas antiguas, se usaba con propósitos ornamentales en una fecha bastante remota, aun cuando la piedra se usaba en lugar del metal para armas y herramientas. Sin duda se obtenía (y esta es todavía la fuente de abastecimiento) lavando arenas de los ríos y otros depósitos aluviales.

Oruga

(lit. «gusano de palmera») Nombre que se aplica propiamente a otros insectos distintos de la langos-

ta (particularmente a mariposas y polillas), pero se
trata de identificar a la langosta cuando así se traduce (ver Am. 4:9).

Oseas

1. (Heb. «salvación») Último de los grandes profetas del reino del norte.

2. (Heb. «que Jah salve») Nombre de cuatro
personas en el AT, uno de los cuales fue el último
rey de Israel.

Oseas, Libro de

Primer libro de los doce Profetas Menores del AT.
Debido a tiempos exteriormente prósperos, prevaleció la idolatría y la inmoralidad. Oseas exhorta
que se vuelvan a Dios para que les muestre misericordia y les perdone.

Oso

El oso pardo de Siria se encontraba en el N de Palestina hasta principios del siglo 20. Se menciona
frecuentemente en el AT.

Oveja

Primer animal mencionado en la Biblia. Los llanos
de la costa, el desierto del sur, las llanuras de Moab
y de Basán oriental eran tierras de pastoreo. Las
ovejas se usaban para los sacrificios; se mataban
también para las fiestas, o para agasajar a un hués-
ped. La leche de la oveja era el producto más valioso del ganado. Luego seguía, en valor, la lana. La
raza común de la actualidad, con un enorme desarrollo de grasa en el rabo parece haber sido la antigua raza de Israel. La vida del pastor oriental era de
incesante vigilancia. En las tardes las ovejas se reu-

nían en cuevas o en rediles cerrados hechos en la
llanura.

Pablo

Saulo de Tarso era hijo de padres hebreos y pertenecía a la tribu de Benjamín. Estaba por sobre sus hermanos en intelecto e influencia, como su tocayo, el rey Saúl, lo era en lo físico. Nació con el privilegio de la nacionalidad romana, y se le conoce mejor por su nombre romano, Pablo. Usó su derecho de nacimiento para su protección cuando era perseguido como cristiano (Hch 22.25-29). Sentía gran aprecio por Tarso. Su lugar de nacimiento, donde se crió como niño estrictamente judío, y obtuvo algún conocimiento de la literatura pagana, pero se preocupó principalmente de dominar el canon hebreo. A los 13 años es muy probable que haya sido enviado a Jerusalén, donde estaba su hermana, y se le puso a cargo de Gamaliel, hijo de Simeón, y nieto del famoso Hilel.

Saulo parece haberse convertido en un profundo antagonista de Cristo y de su causa y estaba dispuesto a emprender una cruzada contra la causa cristiana. En consecuencia, cuando Esteban obtiene la corona del martirio, el joven Saulo no vaciló en recibir la ropa de los testigos que lo condenaron y apedrearon; recibió autorización de los principales sacerdotes para buscar a los creyentes y continuar su tarea hasta exterminarlos. Cuando se acerca a Damasco en su misión persecutoria, fue abrumado por un resplandor enceguecedor como el sol del mediodía en Siria, y oyó una voz que le decía: «Saulo, Saulo, ¿porqué me persigues?» Es probable que el perseguido abatido reconociera esa voz; pero para asegurarse exclamó: «¿Quién eres, Señor?» y recibió una respuesta: «Yo soy Jesús a quien tú persigues». Recibe órdenes de llegar a Damasco para recibir más luz. Ya en Damasco, se le restaura la vista, lo bautiza Ananás y recibe el don del Espíritu Santo.

Ahora es llevado por el Espíritu, como Cristo lo fuera antes que él, al desierto, y en Arabia pasa una temporada larga en meditación. Tres años lo capacitaron para la elaboración del punto de vista del cristianismo denominado paulinismo. El joven rabino formado a los pies de Gamaliel, se convierte, a los pies de Cristo, en el gran maestro de la iglesia, que convierte el cristianismo en una religión universal.

En su primer viaje misionero fue a Antioquía, donde él y Bernabé fueron «apartados» para la obra. Acompañados por Juan Marcos fueron a Salamina y Pafos en Chipre, luego al continente en Perge, donde Juan Marcos los abandonó, y a Antioquía de Pisidia, Iconio, Listra y Derbe. Volvieron por el mismo camino y navegaron de Atalia a Seleucia, el puerto de Antioquía de Siria.

Después de un viaje a Jerusalén y una conferencia allí, Pablo emprende su segundo viaje, que lo llevó, con Silas y luego con Timoteo, a Siria y Cilicia, Derbe y Listra, a Frigia y Galacia, y a Macedonia, donde se establecieron nuevas iglesias en Filipos, Tesalónica y Berea. Hubo muchas paradas en el camino. Luego fueron a Atenas, donde habló en el mercado, el Ágora. De allí fue a Corinto y

Éfeso, y siguió por barco hasta Cesarea en Palestina.

Fue a Jerusalén, y de allí a Antioquía, donde se quedó por algún tiempo para escribir y reposar. Luego emprendió su tercer viaje, volviendo a ir a Galacia y Frigia, luego a Éfeso, donde se quedó poco más de dos años. En Éfeso hubo un gran alboroto contra la nueva religión que Pablo predicaba, instigado por personas que veían amenazado su sustento, porque la predicación constituía una amenaza al templo de Artemisa (Diana) visitada por adoradores de cerca y de lejos. Desde Éfeso, Pablo pasó a Macedonia y Acaya, luego a Troas para embarcarse hacia Cesarea, otra vez con paradas a lo largo del camino. Entonces se fue a Jerusalén. En Jerusalén fue acusado de introducir griegos al interior del templo. Los soldados lograron sacarle de en medio de los que lo atacaban. Su afirmación de tener la nacionalidad romana evitó que lo azotaran. Fue remitido al procurador Félix, que lo tuvo preso dos años. Su sucesor, Festo, también se sintió avergonzado por el prisionero, pero Pablo apeló a César, derecho de un ciudadano romano, lo que le significó ser enviado a Roma. Este viaje también estuvo lleno de vicisitudes. Por el camino se permitió que Pablo visitara a los amigos, y no estaba encadenado cuando el barco naufragó en Malta. En Roma estuvo detenido durante dos años bajo una especie de arresto domiciliario, y luego fue puesto en libertad. Visitó cierto número de iglesias, pero nuevamente fue arrestado y llevado a Roma. La tolerancia anterior se había terminado, y los cristianos sufrían persecución acusados de haber incendiado Roma. Se presume que Pablo fue decapitado después de este segundo juicio.

Pablo, Epístolas de

Tenemos trece. Fueron escritas por amanuenses, y autenticadas por la adición de un párrafo del puño de Pablo y su firma. Salvo las cartas a Timoteo y Tito, que aún las cuestionan algunos críticos, las epístolas atribuidas a Pablo generalmente son recibidas como suyas.

Las trece cartas pertenecen a la segunda mitad de su ministerio. Las cartas a los Tesalonicenses fueron escritas los años 52 y 53 d.C. Luego viene un período sin epístolas hasta el 57 ó 58, cuando en el espacio de un año, escribe las cuatro grandes epístolas a los Corintios (2 cartas), a los Gálatas y a los Romanos. Se produce nuevamente un intervalo de 5 años hasta el año 63 cuando aparecen las 4 epístolas de la prisión; y finalmente, otro intervalo, hasta 66-68, cuando envía las epístolas pastorales a Timoteo y Tito. En el primer grupo ocupan el primer plano la segunda venida y el reinado de Cristo. El segundo presenta doctrinas acerca del gran conflicto con el judaísmo, además de mostrar las dificultades que el cristianismo tiene para vencer las ideas sociales y las costumbres del mundo Romano. El tercer grupo se caracteriza por un espíritu más calmado, la elevación del pensamiento cristiano y afirmaciones más constructivas acerca de la persona de Cristo. En el cuarto grupo tenemos principalmente instrucciones acerca del orden eclesiástico, salpicado de pasajes de notable belleza y riqueza.

Pacto

La religión de Israel se basaba en un pacto entre Jehová y el pueblo. Dios estableció el pacto por medio de su promesa, y la parte del pueblo en Él era el cumplimiento del mandato divino. La entrada en el pacto quedaba marcada por la señal de la circuncisión. Los profetas prometieron un nuevo pacto, el cual fue establecido por Cristo. Véase Arca del Pacto, Libro del Pacto.

Padán-aram

Región en lo que ahora es el S de Turquía central, incluida la ciudad de Harán, ahora Harran.

Padre

Título de la Primera Persona de la Divinidad. Dios se reveló y se dio a conocer como Padre de su pueblo escogido bajo la dispensación del AT y en una relación paternal hacia los individuos; pero fue peculiarmente la función de Cristo revelar la paternidad de Dios, y llevar de regreso a los hombres a esta relación, así como es la función del Espíritu sellar y dar testimonio de esta relación entre Dios y el creyente.

Padrenuestro

Es el modelo de oración que el Señor enseñó a sus discípulos. Según el texto de Lucas, contiene cinco peticiones; según el de Mateo, 6 (o 7). Las iglesias reformadas cuentan seis; tres con «tu» y tres con

P

«nosotros»; católicos romanos y luteranos cuentan 7, haciendo dos peticiones de «no nos metas en tentación» y «líbranos del mal». La doxología de la conclusión (que aparece solo en Mateo), falta en los mejores manuscritos, y es una adición posterior basada en 1 Cr 29.11, y 2 Ti 4.18. Concuerda con las primeras tres peticiones.

Palestina

Nombre griego y romano de Canaán, junto con el territorio del Jordán ocupado por los judíos (la Biblia misma restringe este nombre al territorio de los filisteos). Palestina tiene 140 millas (224 km) de longitud y 40 a 50 millas (64-80 km) de anchura, unas 8.500 millas (22.015 km cuadrados) cuadradas de superficie: más o menos la superficie de Massachussets en EE.UU., o del país de Gales en Gran Bretaña. Está separada de Egipto por 100 millas (160 km) de desierto; tiene el desierto de Arabia en el E, y el Mediterráneo en el O, y por el norte limita con la cadena montañosa del Líbano y Antilíbano. Palestina queda a medio camino entre los valles del Éufrates y el Nilo, dos de los asientos más antiguos de la civilización y del imperio. El tráfico entre Mesopotamia y Egipto tenía que pasar por allí. Hasta el año 500 a.C. el territorio de Palestina fue el campo de batalla para los dos imperios. Luego siguieron otros: los Persas bajo Cambises, los griegos bajo Alejandro, Seleuco y los Ptolomeos, los romanos bajo Pompeyo, los partos, los romanos nuevamente, luego el año 634 d.C. los árabes, en el siglo

11, los turcos y los cruzados, en los siglos 13 y 14 los mongoles y en el siglo 19 Napoleón.

El pueblo de Israel llegó originalmente del desierto y otros pueblos y tribus semitas fueron ocupando la tierra, madianitas, ismaelitas, amalecitas y árabes, razón por la que la población es principalmente semita hasta el día de hoy.

El reinado de Herodes el Grande abarcó todo el país conquistado por las tribus bajo el liderazgo de Josué, salvo la tribu de Aser por el N, y una pequeña parte del O. Incluía: (1) el O del Jordán, Galilea, Samaria, Judea e Idumea; (2) E del Jordán, Perea, Gaulanitis, Auranitis y Traconitis con Decápolis (parte en Perea, parte en Gaulanitis). Así la parte al E del Jordán comprendía los antiguos reinos de Moab y Amón; las anteriores divisiones de Galaad (desde el Mar Muerto hasta el Yarmuk) y Basán (meseta volcánica 2.000 pies [unos 600 m] sobre el nivel del mar), que se extendía desde el Yarmuk hasta el Hermón, y las regiones de Golán, el E del Mar de Galilea, y Haurán, más al oriente.

Palestina está dividida de O a E en cuatro largas líneas: la llanura marítima, las montañas occidentales (o centrales), el valle del Jordán y las montañas orientales. Palestina al O del Jordán es una tierra alta formada por masas de piedra caliza, de 2.000 a 3.000 pies (600 a 900 m) de altura sobre el nivel del mar. El Gor, o gran depresión del valle del Jordán, desciende desde el nivel del océano en Hula, hasta 682 pies (unos 230 m) bajo el nivel del mar en el Mar de Galilea, y hasta 1.292 pies (430 m)

en el Mar Muerto.   La cadena montañosa
occidental se interrumpe en el valle de Esdraelón,
que abre un camino desde la llanura marítima
hasta el valle del Jordán, que más al norte se
interrumpe en el Monte Carmelo.   Así las
principales características del relieve son (1) la
llanura marítima interrumpida por (2) el Carmelo;
(3) las calinas bajas o Sefela; (4) la cadena
montañosa occidental, cortada en dos por (5) el
valle de Esdraelón, y que se interna hacia el S hacia
(6) el Neguev; (7) el valle del Jordán; (8) la cadena
montañosa oriental.

Los ríos de Palestina son el Jordán con sus lagos Hula (Aguas de Merom) y Genezaret (Mar de
Galilea), y sus tributarios, el Yarmuk y el Jaboc; el
Arnón que fluye hacia el Mar Muerto, y el Cisón
que desemboca en el Mediterráneo.

Al N del Carmelo hay puertos naturales, sufi-
cientemente grandes para los barcos de los feni-
cios,   cuyas   principales   bases   eran   Acco
(Ptolemaida), y (más al N), Tiro, Sarepta, Sidón y
Biblos (Beirut); al S del Carmelo las costas están al
nivel de las bocas del Nilo. Los puertos de Cesarea,
Jope, Ascalón y Gaza no tienen una bahía natural.

Las cuatro franjas descritas con sus interrup-
ciones y adiciones, hacen de Palestina una maravillosa mezcla de país montañoso y con llanuras, con
toda clase de climas desde el oasis tropical de la llanura del Jordán hasta las laderas sub alpinas de
Hermón (9.150 pies = poco más de 3.000 m). La
costa subtropical tiene una temperatura media

anual de 69° F. En Gor la temperatura observada en mayo es de 110° F a la sombra al medio día, y 88° a la sombra a las 8 am. En Jerusalén (3.167 pies [1.050 m] sobre el nivel del mar) la temperatura promedio es de 39° F en enero, a 102° en agosto (las temperaturas extremas observadas desde 1860); la variación promedio de la temperatura dentro de las veinticuatro horas no es menos de 51° F. Estos cambios son característicos en toda Siria.

Lo accidentado del relieve y especialmente la mezcla de montes y valles, predisponía a Palestina para ser una tierra de tribus y clanes. La cadena occidental, al S y al N de Esdraelón, con Galaad sobre la cadena oriental, comprendían propiamente el territorio de Israel. Este confinamiento a las montañas aseguraba la independencia y pureza de Israel. Los llanos y los valles eran porciones del territorio abiertas al tráfico y a la guerra entre los imperios extranjeros. Aunque las antiguas rutas comerciales entre el Éufrates y el Nilo, y de Tiro con el golfo de Arabia pasaban a todo lo largo de Palestina, Israel fue plantado libre de todas estas cosas en lo aislado de las montañas; mucho después que sus vecinos habían ya sucumbido ante la guerra asiria o la cultura griega, Judá preservaba aún su independencia y su lealtad a la ley de Dios.

Palmera

La palma de dátiles. Fenicia significa «tierra de palmas»; Betania, «casa de dátiles».

Palma

El papiro, de cuyas fibras se extraía uno de los materiales principales para la escritura en el mundo antiguo.

Pan

Generalmente de harina de trigo, a veces de cebada. La harina se amasaba en artesas de madera; entonces la masa se mezclaba con levadura, se prensaba y se cortaba en tortas redondas y luego se horneaba sobre piedras calientes o en un horno.

Panadero, de un antiguo mármol

Panag

Lugar en el camino de Damasco a Baalbek; otras posibles traducciones son higos tempranos o una especie de confección.

Pandero

Pandero

Pequeño tamboril.

Panes de la proposición

Ofrenda continua de panes en el templo; 12 panes ordenados en dos filas.

Papiro

Junco acuático, utilizado como material de escritura (precursor del papel), desde principios del tercer milenio a.C.

Parábola

(Gr. «comparación») Afirmación de una verdad espiritual, una ley o principio del reino de Dios, por medio de una descripción o narración de hechos en el ámbito de la naturaleza o en la experiencia humana, que se representan de tal manera que arrojan luz sobre hechos en el mundo espiritual.

Paracleto

Palabra griega, aplicada a Jesucristo para indicar su función de hacer intercesión en favor del pueblo delante de Dios el Padre. Da a entender uno que intercede en favor, consuela, fortalece, aconseja. También se aplica al Espíritu Santo.

Partos

Habitantes del reino de Partia, al SE del mar Caspio. Fundado el año 248 a.C. por Arsaces II, creció hasta convertirse en un gran imperio que contendía en un plano de igualdad con Roma.

Pascua

Fiesta que conmemora la liberación de la servidumbre en Egipto. Es una de las grandes festividades anuales. Se celebra en la primavera. Se llama también Fiesta de los panes sin levadura. Véase Fiestas.

Pastor

Los patriarcas llevaban una vida nómada y pastoril, y los hijos de Israel en gran medida continuaron

Morral, honda y flauta de un pastor

siendo pastores después de establecerse en Canaán. El monte Carmelo, Sarón, el territorio montañoso al S de Hebrón, Galaad y Basán eran nobles por sus praderas. Jacob es una representación de la vida laboriosa del pastor. Sus rasgos característicos son los mismos hasta hoy. La vestimenta de un pastor sirio se compone de una camisa de algodón crudo, con un cinto de cuero y una gran capa de cueros de oveja, o de lana, o de pelos, que además les sirve como frazada para la noche. Lleva un morral hecho de cabritilla para las provisiones, una calabaza seca para beber agua o leche, una vara o cayado de dos metros y un arma en la forma de garrote de encina de dos pies de largo con clavos en el extremo grueso. El pastor pasa con las ovejas día y noche. En la mañana las cuenta a medida que pasan bajo el cayado. Obedientes a su llamado, le siguen hacia las praderas. A la puesta del sol se las lleva a una cueva o a un espacio cercado con piedras brutas y el pastor se queda durante la noche en una cabina hecha de ramas cerca de la entrada, listo para proteger su ganado de ladrones y de fieras.

Pastorales, Epístolas

Las tres epístolas de Pablo en que da instrucciones a Timoteo y Tito acerca de su ministerio. Se cree que 1 Timoteo y Tito fueron escritas después del encarcelamiento mencionado en Hch 28.30, 31, y 2 Timoteo durante el segundo encarcelamiento en Roma.

Patmos

Isla muy accidentada al sur de Samos, donde Juan

escribió el Apocalipsis, cuando, según la tradición, se le había relegado a ese lugar durante el reinado de Domiciano.

Patriarcas

Los primeros padres de los israelitas. La aplicación más estricta del término es a los primeros padres mencionados en Génesis. Se añaden unos cuantos nombres posteriores tales como David y Daniel.

Peces

Los peces de Palestina incluyen diversas especies. Los peces del Jordán y del Lago Tiberias son extremadamente similares a los del Nilo. Son como la carpa, con grandes escamas, barbos, albur, y breca, lochas, etc. Los fenicios practicaban la pesca de mar.

Pedro

(Gr. «roca») Sobrenombre de Simón hijo de Juan, y hermano de Andrés, que, originalmente era pescador junto a Capernaum, y fue el primer apóstol de Jesucristo. Su carácter vacila entre la resolución obstinada y la cobardía pasajera, según se muestra en la historia de la negación de su Maestro. En las cartas de Pablo aparece como «columna» de la iglesia primitiva y «apóstol a la circuncisión». Era casado y su esposa lo acompañaba en sus viajes. Para apoyar la pretensión papal del primado para Pedro se ha apelado a Mt 16.17-19; Lc 22.32 y Jn 21.15-17; pero son neutralizados por pasajes como Mt 20.20-28; Mr 9.35; 10.35-45; Lc 9.48; 22.26.

Pedro no se menciona en Hechos después del Concilio de Jerusalén, año 50 d.C., pero Gá 2.11 se refiere a una visita posterior a Antioquía. Su historia después de ese incidente ha sido sobrecargada de leyendas. Es imposible que haya pasado 25 años en Roma, aunque es posible que pasara allí sus últimos años y sufriera el martirio. Es menos probable que él y Pablo fueran llevados a la muerte al mismo tiempo. Si «Babilonia» no es un nombre místico para Roma, como algunos suponen, Babilonia fue escenario de su labor en algún momento después de la visita a Antioquía.

Pedro, Primera y Segunda Epístola de

Dos epístolas del NT. Primera de Pedro fue escrita probablemente por el apóstol Pedro entre los años 64 y 67 d.C. a cristianos que habían huido al Asia Menor. Amonesta a los peregrinos que tengan esperanza y valor, y confíen en el poder de Dios. La Segunda Epístola de Pedro fue escrita también por el apóstol y probablemente en un período posterior. Advierte contra los falsos maestros que se han introducido en la iglesia primitiva y exhorta a los cristianos a ser valientes y pacientes en medio de la persecución mientras esperan la segunda venida de Jesucristo.

Pelícano

No se ha identificado definitivamente el ave cuyo nombre así se ha traducido.

Pelo

Los hebreos consideraban el crecimiento robusto del pelo, en la cabeza o en la cara, como un adorno para el hombre. Muchos lo usaban largo hasta los hombros. Cortar la barba de un hombre era proporcionarle un insulto grosero. La cabeza se rasuraba sólo en temporadas de duelo. El cabello también se usaba en forma de ondulaciones y rizos, como lo muestra el caso de Sansón.

Pendientes

Parece que estos adornos generalmente eran de forma circular, de oro. Los hombres quizás usaban un solo pendiente.

Pentateuco

(Gr. «cinco libros») Los cinco libros de Moisés en el AT. Los judíos los nombraron, por su contenido principal, como la Ley Torah; y los traductores al griego dieron a cada libro su título distintivo; de allí los nombres en nuestra Biblia: Génesis, origen del mundo y de los hombres; Éxodo, salida de los Israelitas de Egipto; Levítico, libro de las leyes sacerdotales; Números, por los censos que allí se narran; Deuteronomio, segunda ley. La autoría del Pentateuco ha dado lugar a mucha controversia.

Pentecostés

(Gr. «cincuenta») El día 50 después de la ceremonia de la ofrenda vegetal en la ceremonia de la pascua. Este día ocurrió el don del Espíritu Santo a la iglesia, y por esta razón lo observa la iglesia cristiana.

Pepino

Cultivado desde largo tiempo en Siria y Egipto. Véase Melón.

Perfume

El perfume era importante en los ritos de culto y como artículo de lujo. Además, los perfumes eran importantes artículos comerciales, originados en la

India, Somalia, Persia, Ceilán, Palestina y el Mar Rojo. Se manufacturaban y se mezclaban, y además del incienso en el templo se usaban para condimentar el vino, en vestiduras, en los amoblados, y para embalsamar.

Pérgamo

Pueblo de Misia en Asia Menor, en el valle del río Caico. Cerca de la cumbre de su Acrópolis de 1.000 pies (unos 300 m) de altura sobre el valle, se encuentran las ruinas de varios templos y del gran teatro. Se le llama la ciudad helenista más espectacular del Asia Menor.

Período Intertestamentario

La historia judía entre los dos Testamentos se divide en cuatro épocas:

1. Período persa (537-330 a.C.). Nehemías (444 a.C.) había sido favorito en la corte a la cual, 90 años antes, los judíos debían el regreso del exilio; en general el remanente restaurado permaneció leal al «gran rey». A pesar de los tributos y otras mortificantes características de su sujeción. Sin embargo, muchos judíos fueron llevados a Babilonia y otros lugares por Artajerjes Ochus, hacia el año 350 aC, por tomar parte en una rebelión. La brecha final entre judíos y samaritanos corresponde al último siglo del dominio persa, el desplazamiento gradual del hebreo entre los judíos por la expansión del dialecto arameo, y el principio de la recuperación de Galilea a la fe de Jehová.

2. Período griego (330-167 a.C.). Alejandro el Grande, que inicia este período, además de

conceder privilegios especiales a Jerusalén, otorgó señales de favor a los judíos que instaló en su nueva ciudad de Alejandría. Allí fue donde los judíos entraron en una relación más estrecha con el mundo griego del pensamiento y la literatura. A la muerte de Alejandro (323 a.C.) sus conquistas pasaron a manos de sus generales y, durante las luchas que vinieron como consecuencia, Palestina fue partícipe de la confusión, hasta la batalla de Pisos (301 a.C.) convirtieron a los reyes de Egipto (los Ptolomeos) sus señores por todo un siglo, a pesar de varios intentos de derribarlos de parte de los reyes rivales de Siria (los Seléucidas). La nueva potencia soberana era más fuerte y más justa que la persa; bajo ella el gobierno de Jerusalén se desarrolló y consolidó una dinastía de sumo sacerdotes, asistida por una especie de senado que incluía a los sacerdotes de alto rango. Fuera de Palestina también los judíos se hicieron influyentes, no sólo en Alejandría, sino también Libia, Cirene, Asia Menor y en todas partes donde se establecieron en Siria, ya sea por la compulsión o por el favor de Ptolomeos y Seléucidas. Por otra parte, el intercambio con el extranjero fue estimulado por los asentamientos griegos en el norte de Palestina, especialmente en los alrededores del Mar de Galilea.

El producto más importante de todo esto fue la versión griega de las Escrituras hebreas, la Septuaginta, que hizo mucho para romper el aislamiento judío, y fijó el tipo de idioma en que se escribió el NT. La influencia de la cultura helénica obró en la vida y la cultura de los judíos durante la supremacía Ptolomea (320-198 aC), pero sus efectos se hicieron más claros después del año 198 aC, cuando Antíoco el Grande puso Judea bajo la autoridad seléucida o Siria.

La nobleza siria se hizo más mundana en espíritu a medida que avanzaba el helenismo. El sumo sacerdocio se convirtió en un objeto de bajas intrigas. Bajo Antíoco Epífanes en la clase alta se impuso la moda de dar forma griega a los nombres, por ejemplo, Menelao en lugar de Manahén y otras formas de ocultar el origen judío. A la larga, los desatinos de Antíoco y sus instrumentos sumo sacerdotales produjeron una crisis violenta y una revuelta.

3. Período Macabeo o Asmoneo (167-63 a.C.). Los atropellos contra la religión nacional que llevaron a los Macabeos a la rebelión, estimularon al pueblo para darse cuenta del valor de su fe distintiva. De sus filas se había levantado un partido llamado los Chasidim, distinguidos por su piedad. El movimiento Macabeo los llevó consigo, y se convirtió en la adhesión de toda la nación a la fe de sus padres. Mediante las guerras de liberación del yugo de Siria se había alcanzado un fin religioso. Restauraron el templo y fue rededicado solemnemente (165 a.C.), y fue arrasado el tempo del monte Gerizim junto con la capital samaritana misma (129 a.C.), y el líder Macabeo fue reconocido como «gobernador y sumo sacerdote para siempre, hasta la aparición de un profeta fiel».

Pero toda la nación estaba ahora poseída por el espíritu de la agresión extranjera; contra esto protestaban constantemente los sucesores de los tranquilos chasidim, cuya esperanza estaba en Dios y no en la agencia humana. «La idea del judaísmo estaba en peligro ante los ojos de este creciente partido de protesta religiosa, que en los últimos años de Hircano (135-106 a.C.) se conoció como fariseos (Perushim o «separatistas»). Estos hombres cuya plaza fuerte estaba entre los escribas o estudiantes profesos de la Ley, ganó gradualmente la atención del pueblo. Sufrieron un grave revés bajo Alejandro Janeo (105-78 a.C.), cuando se produjo una reacción en favor de este en el sentimiento popular, pero el terreno perdido fue más que recobrado bajo su viuda Salomé (78-69 a.C.), que separó la cabeza secular de la religiosa (su hijo Hircano II era sumo sacerdote). Alrededor de este tiempo el Sanedrín fue quedando bajo la influencia de los escribas y así quedó en adelante. A la muerte de Salomé, las disensiones internas, centradas en Hircano y su hermano Aristóbulo, dieron su oportunidad a los romanos. Bajo Pompeyo ocuparon Jerusalén, abolieron el reino y restauraron la dignidad sumo sacerdotal de Hircano.

4. Período romano. Mientras los fariseos ganaban con el cambio, quitando el poder político a los saduceos, se agudizó el contraste entre el ideal fariseo y la esperanza popular de restauración del reino. Fue especialmente irritante cuando Antípater, de la aborrecida raza idumea, asumió el

poder del estado bajo los romanos hasta su muerte el año 43 aC, y cuando el año 37 aC, su hijo Herodes el Grande, con la ayuda romana, asumió el cargo de rey de Judea.

«Idumeo de nacimiento, judío por profesión, por necesidad romano, por cultura y elección griego», este inescrupuloso monarca se mantuvo inspirando terror. Llenó las principales oficinas con hombres de oscuro linaje sacerdotal de Babilonia y Alejandría y abolió el ejercicio vitalicio del sumo sacerdocio. Trató de vencer el sentimiento nacional que le era contrario desviando la atención a un gran objetivo nacional, la edificación de un nuevo templo, iniciado el año 18 a.C. Su muerte el año 4 a.C. fue la señal para la insurrección, que los romanos reprimieron severamente, entregando el país a los tres hijos de Herodes. De estos, Felipe tuvo el territorio al oriente de Jordán; Antipas, Galilea y Perea; Arquelao, Judea y Samaria. Después del año 6 d.C., el reino de Arquelao pasó al dominio directo de Roma, con Pilato como procurador desde el año 26 al 36 d.C.

Perla

También se traduce rubík, cristal. Las perlas se encontraban en el Mar Rojo.

Perro

Mencionado unas cuarenta veces en la Escritura, casi siempre con desprecio. Los judíos que no eran cazadores, de modo que no amaestraban los perros, salvo para cuidar su ganado (Job 30.1). No tenían el noble mastín y perros lobos que se han

hallado esculpidos en monumentos asirios, ni las
diversas razas de perros de caza que aparecen en las
murallas egipcias. Sus perros eran, sin duda, como
todavía son en Palestina, perros vagabundos, sin
dueño, de un tipo no muy diferente del tipo colie
escocés. Sus hábitos nocturnos se mencionan en
Sal 59.14, 15. En el oriente son los carroñeros del
pueblo. El mote de perro aun se esgrime como reproche de parte de los judíos contra los gentiles y
por los musulmanes contra los cristianos. Los cristianos también lo usan.

Persas

Originalmente los persas eran una tribu meda que
se estableció en Persia, al costado E del Golfo Pérsico. Eran arios, y su idioma pertenecía a la división
oriental del grupo indo europeo. Uno de sus jefes,
Teispes, conquistó Elam en el tiempo de decadencia del imperio asirio, y se estableció en el distrito
de Ansan. Sus descendientes se dividieron en dos
ramas, una gobernada por Ansan mientras la otra
permaneció en Persia. Ciro II, rey de Ansan, finalmente unificó el poder dividido, conquistó Media,
Lidia y Babilonia, y llevó sus ejércitos hacia el lejano oriente. Su hijo, Cambises, anexó Egipto al imperio, que sin embargo se desmembró a su muerte.
Fue reconquistado y organizado completamente
por Darío, hijo de Histaspes, cuyo dominio se extendió desde la India hasta el Danubio. La Escritura menciona a Ciro, que dio libertad a los judíos
cautivos (Esd 1.1); a Darío, que confirma el decreto
de Ciro (Esd 6.1); y a Artajerjes (Esd 4.7; 7.1).

Peshita

Significa simple o común. Es la versión siríaca de la Biblia hecha en el tercer siglo. La parte del AT se tradujo directamente del hebreo, ya en el primer siglo, con referencias ocasionales a la Septuaginta. Es muy probable que en primera instancia haya sido hecha por prosélitos judíos. Hay otra versión siríaca hecha directamente de la Septuaginta según aparecía en la Hexapla.

Pesos y Medidas de Capacidad

Los pesos son notables por su inexactitud. Las excavaciones han permitido encontrar algunas pesas inscritas, pero las cifras daban sólo un promedio. Como en toda Asia Occidental, el siclo era el peso básico; hay siclos más livianos y más pesados, comunes y reales. El siclo real liviano es más pesado que un siclo común liviano: esto además de las variaciones en pesos marcados en forma idéntica. A continuación van los promedios:

gera, 1/20 del siclo	8,71 granos
1/3 siclo	0,134 onzas
beka, ½ siclo	0,201 onzas
pim, 2/3 siclo	0,268 onzas
siclo unidad básica	0,403 onzas
mina, 50 siclos	1,26 libras
talento, 3.000 siclos	unos 34 kilos

Las medidas de capacidad nunca se fijaron en forma definitiva y las discrepancias son mayores que en los pesos:

Pesa de piedra usadas por los comerciantes en Nínive. Las pesas solían hacerse en la forma de un pato o un león.

PARA ÁRIDOS

cab	1.16 quarts
efa (unidad básica)	37 litros
gomer 1/10 de efa	3,7 litros
seah, 1/3 de efa	12,3 litros
lethek, ½ homer	2.58 bushels
homer, coro	370 litros

PARA LÍQUIDOS

log	1/12 de un hin	0,5 litro
hin	1/6 de un bato	6,2 litros
bato	igual al efa	37 litros
coro	10 batos	370 litros

Petra

Nombre romano de la ciudad nabatea cercana al
Monte Hor. No hay evidencias de un asentamiento Edomita. Parece haber comenzado hacia el siglo cuarto a.C.

Piedra Moabita

Véase Moabita, Piedra

Piedras preciosas

Aparecen tres listas de estas gemas en la Biblia: el
pectoral del sumo sacerdote (Éx 28); los adornos
del rey de Tiro (Ez 28); los cimientos de la Jerusalén
celestial (Ap 21).

    Las gemas no se dan naturalmente en Palesti-
na, y no se han hallado grandes cantidades en las
excavaciones, en comparación con Egipto y Mesopotamia, donde se han encontrado muchas joyas
en tumbas y templos. En el mundo antiguo no se
entendía de cortes en facetas, o por lo menos no se
practicaba, pero sus grabados de joyas eran tan ex-
pertos como los grabados modernos. En el Cercano Oriente no se han encontrado rubíes. La piedra
roja posiblemente era coral rojo (Lm 4.7), o de la
naturaleza del granate.

Pilato, Poncio

Procurador de Judea desde 26-36 d.C. Jesús fue llevado ante él, acusado de alborotar al pueblo, pero
Pilato no fue impresionado y trató de evitar la acción remitiendo el caso a Herodes Antipas. Herodes tampoco actuó, y Jesús fue devuelto a Pilato.
Otra vez Pilatos no halló culpa en él, se lavó las manos y entregó a Jesús a la multitud para ser crucifi-

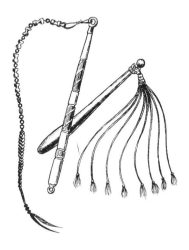

Látigos romanos

cado, después de haberle azotado. Hay informes
no verificados en el sentido que Pilato mismo se
hizo cristiano, y Eusebio cita informes anteriores
que dicen que Pilato se suicidó.

Pino

La identificación de pinos, cipreses, haya, olivo silvestre, y bojes, los árboles de hoja perenne y coní-
feras es incierta. Es probable que los autores de la
Biblia no estuvieran interesados en la clasificación

botánica precisa, y pueden no haber estado en condiciones de hacer tal clasificación.

Pisga, Monte

Probablemente sea la actual Ras es-Siyaghah, en la cadena de montes Abarim, frente a Jericó.

Piojos

La tercera plaga que afectó a Egipto, poco antes del éxodo. Es un parásito que afecta al hombre y a las bestias.

Plaga gravísima

Posiblemente epizootia, enfermedad infecciosa en los animales (Éx 9.3).

Plata

Metal que en Palestina era importado; algo de plata puede haberse obtenido en el Líbano de una mina de plomo (sulfuro), suele contener plata. España parece haber sido una de las principales fuentes de abastecimiento en la antigüedad. La plata se usaba a modo de dinero y para fines ornamentales y era bien conocida por los egipcios en la era patriarcal.

Plátano

En la Biblia aparece el castaño que es muy raro en los países bíblicos. Probablemente la referencia sea al plátano que sí crece allí.

Pléyades

Una configuración de cuatro estrellas en la constelación de Tauro (Job 9.9; 38.31).

Plomo

Metal importado a Palestina, posiblemente desde Tiro. Sin embargo, hay minas en el Líbano, en el Sinaí y en partes de Egipto.

P

Polilla

(Heb. «consumidor») La polilla mencionada en la
Biblia es la polilla de ropa, con diversas especies
muy destructivas de la lana y la piel, y las vestimentas hechas de dichos materiales. Sólo es la larva la
que se alimenta de los pelos. En Is 51.8 leemos:
«Como a vestidura los comerá la polilla, como a
lana (Heb. *sas*) los comerá el gusano»; la palabra
sas, traducida «gusano», se interpreta como la larva.

Pozo

En un territorio de pocos ríos, donde la lluvia cae
sólo en cierta estación, los pozos son de una importancia suprema. Eran excavados en tierra a gran
profundidad de donde obtenían agua. Las cisternas
servían para almacenar el agua de las lluvias. Los
manantiales a veces se complementaban con pozos.

Primogenitura

Posición de honor y privilegio otorgado al hijo mayor. La primogenitura se podía quitar o perder por
mala conducta.

Priscila

Véase Aquila.

Pródigo

Véase Hijo Pródigo.

Profetas

Los libros que siguen inmediatamente al Pentateuco en la Biblia hebrea. Son Josué, Jueces, Rut (considerado por algunos un adjunto de Jueces),
Samuel y Reyes, lo que da una historia continua de

la nación desde la muerte de Moisés hasta la cautividad babilónica, y todos los libros llamados proféticos con la sola excepción de Daniel.

Los «profetas anteriores» se llama así sencillamente por su posición.

Entre los profetas posteriores, los Doce, llamados profetas menores, han sido puestos juntos y contados como un solo libro, debido a que estaban escritos en un solo rollo.

Daniel, aunque era un libro profético, o más propiamente, apocalíptico, no está junto a los demás profetas; la explicación más probable de esto es que no existía, por lo menos en la forma presente, cuando los demás profetas fueron incluidos en el canon hebreo del AT.

Profetas Menores

Los últimos doce libros del AT. Debido a su brevedad, se les llama Profetas Menores.

Prosélito

(Gr. «recién llegado, visita») En el AT esta palabra indicaba una persona en una comunidad que no era la suya; quizás un refugiado, un forastero, un extranjero. En el NT llegó a significar un convertido. Algunos de estos abrazaron el judaísmo completamente, aceptando la circuncisión, el rito bautismal y los sacrificios. Otros eran de persuasión helenista: eran recibidos en la adoración sin la circuncisión ni la aceptación de la ley judía.

Proverbios, Libro de los

Proverbios está incluido en la literatura sapiencial del AT, y se ha atribuido siempre a Salomón. En el

libro hay dichos breves, concisos y expresivos, de
sentido común y sano consejo, que tienen que ver
con todos los caminos de la vida. En suma, una filosofía de vida práctica y diaria.

Publicanos

Recaudadores de impuestos. El gobierno extranjero, sea el de Roma, o el de sus príncipes represen-
tantes, los Herodes, recaudaba sus impuestos y
tributos por medio de especuladores, que compra-
ban el derecho de recaudación (publicanos) para
ventaja personal. Estos hombres eran llamados *pu-
blicani* por los romanos. La palabra correspondien-
te en el NT abarca no sólo al propietario de la
concesión, sino también a sus recaudadores depen-
dientes. Estos eran nativos y los judíos los clasifica-
ban no sólo como desechos sociales sino también
como paganos, como si estuvieran del todo fuera
de Israel. La misericordiosa actitud de Cristo hacia
ellos fue especialmente criticada y su esperanzado-
ra simpatía les llegó al corazón.

Pul

Rey de Asiria, Tiglat Pileser III. Además una región
no identificada.

Puerco montés

Los puercos monteses son especialmente numerosos en los matorrales y malezas del valle del Jordán.
Cuando el río crece antes de la cosecha, los puercos
salen y hacen estragos en los trigales y en las tierras
cultivadas de las tierras altas. Son comunes en los
campos del sur donde revuelven el terreno en bus-
ca de bulbos que allí abundan.

Puerros

Se incluyen junto a las cebollas y los ajos como las cosas buenas de Egipto que los israelitas deseaban en el desierto.

Puerta

En la mayoría de las ciudades hebreas el único espacio amplio estaba inmediatamente dentro de la puerta o las puertas. Allí estaba el mercado, se dirimían las disputas y se hacían transacciones comerciales de todo tipo. La puerta era el centro de la vida social del lugar.

Pulga

Insecto mencionado solo dos veces en la Biblia. En ellas David se compara con una pulga, un ser demasiado insignificante para que Saúl lo persiga. Las pulgas son una plaga en la Tierra Santa, al igual que en la mayoría de los países del Mediterráneo, donde las cabañas y campos están plagados de ellas (1 S 24.14; 26.20).

Púrpura

Esta anilina se obtenía de una especie de molusco abundante en la costa de Fenicia y producía colores en el campo del color rojo púrpura. Las vestimentas teñidas con púrpura eran de gran precio.

P

Q

Quedorlaomer

Rey elamita contra quien batalló Abraham y lo venció.

Quemos

Dios de los moabitas.

Queriot

(Heb. «ciudades») Nombre de dos ciudades en el AT en Judá y Moab. Una de ellas Queriot Serón ha sido identificada con Kirbet el-Qaryatein.

Querubín

Criatura alada simbólica con rostro humano. En el tabernáculo y en el templo había dos querubines sobre el propiciatorio o cubierta del arca. En el velo del Lugar Santísimo había figuras que representaban querubines.

Quiriat Sefer

(Heb. «ciudad del escriba») Nombre antiguo de Debir, la moderna Tel Beit Mirsin, que ha sido parcialmente excavada. Es posible que Abraham haya estado allí.

Quisleu

Noveno mes en el calendario hebreo.

Quitim

Descendiente de Javán (Gn 10.4). Nombre antiguo de la isla de Chipre, por el puerto fenicio en esa isla, que es la moderna Larnaca. Véase Chipre.

Rahab

(Heb. «ancho, amplio») 1. En el AT nombre de la mujer que cobijó a los hombres de Josué enviados como espías a Jericó.

2. Dragón mitológico vencido por Jehová, según se menciona en diversos pasajes poéticos del AT. El dragón Rahab se usaba figuradamente para designar a Egipto.

3. Mujer en la genealogía de Jesús. Probablemente sea la misma #1.

Ramot del Neguev

Ramot del sur en el territorio de Simeón.

Rana

Las ranas sólo se mencionan en el AT en relación con la segunda plaga en Egipto.

Ratón, rata

Sin duda un nombre genérico que incluye todos los roedores pequeños. Estaba prohibido como alimento en la ley de Moisés.

Recab, Recabitas

(Heb. «¿jinete»?) Los recabitas eran un pueblo seminómada que vagaban por el desierto.

Red

Véase algodón.

Refaim

1. Los muertos, las tinieblas.

2. Pueblo pre israelita en Palestina, con fama de gigantes.

3. Valle cerca de Jerusalén.

Refugio

Véase Ciudad de Refugio.

Reina del cielo

Jeremías censura a los judíos por quemar incienso y adorar la reina del cielo. No es claro a qué diosa se refiere Jeremías con tales palabras. Así se llamaba a Istar, diosa del amor y la fertilidad, y también a Astoret, la diosa cananea de la fertilidad. Los egipcios tenían una diosa Antit, llamada Anat en Canaán, también diosa de la fertilidad, y todas eran llamadas reina del cielo.

Retama

Arbusto del desierto. Véase Enebro.

Reyes, Primero y Segundo de

Los dos libros del AT siguen la monarquía hasta su cumbre bajo Salomón y la división y decadencia y caída de la nación, bajo Jeroboam y Roboam. Además, Reyes da un bosquejo de la doble cautividad de Israel bajo los asirios y de Judá bajo los caldeos.

Ríos

El Éufrates y el Tigris en Mesopotamia, y el Nilo en Egipto eran importantes para la agricultura y la vida comercial de los países. Palestina tenía el Jordán, el Mar de Galilea y el Mar Muerto, pero la gente no era dependiente de su río al mismo grado que lo eran egipcios y mesopotámicos. Palestina también tenía corrientes menores, algunas de las cuales dejaban de correr en la estación seca.

Roble

Nombre que se daba al limero o al tilo. Véase Terebinto.

Rocas

Barro, polvo, tierra, pedernal, cal, piedra y arena

son palabras que aparecen más o menos frecuentemente en la Biblia; pero como se emplean en su sentido ordinario, no es necesario un comentario especial. Sin embargo, se puede observar que el barro se usaba para hacer ladrillos, que tanto en Egipto como en Asiria no se cocían en fuego, sino se secaban al sol. En este caso se le agregaba paja para aumentar la resistencia del material. Algunas de las canteras de Palestina, de las regiones adyacentes y Egipto proveían excelentes piedras para construcción, y algunas variedades se podían pulir. Estas calizas generalmente son de un color crema muy pálido.

Rogel, Fuente de

(En-rogel, Heb. «fuente del abatanador») Manantial en el valle de Cedrón, cerca de Jerusalén.

Rojo, Mar

Véase Mar Rojo.

Rollo

Largas tiras de cuero o de papiro en que se escribía. Se enrollaban en un palo torneado, a modo de eje. A medida que se leía, se enrollaba en un segundo eje (Ez 2.9; 3.1-3).

Roma

R

Ciudad de Italia, fundada unos 700 años después de la entrada de Israel en la tierra prometida, más o menos en el tiempo del inicio del ministerio de Isaías. En el tiempo de Cristo se había convertido en la capital de un imperio que alcanzaba desde Bretaña hasta el Éufrates, y desde el Mar Negro hasta África. El cristianismo había llegado a Roma,

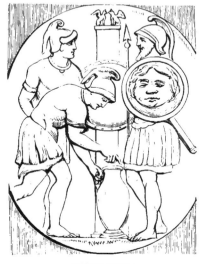

Soldados romanos

y había una iglesia floreciente antes de la visita de Pablo. Los judíos fueron expulsados de Roma hacia el año 50 d.C., pero pronto se les permitió volver. Se presume que allí sufrieron el martirio Pablo y Pedro hacia el año 64 d.C.

Romano

La ciudadanía romana era una apreciada posesión en el tiempo de Cristo, puesto que confería ciertos privilegios; se obtenía por nacimiento, concesión, recompensa o compra. Puesto que Pablo había nacido libre, había heredado la ciudadanía romana (Hch 22.27, 28).

Romanos, Epístola a los

Aparece en primer lugar entre las Epístolas Paulinas, en parte debido a su importancia doctrinal, en parte por haberse dirigido a la metrópolis del mundo. Fue escrita desde Corinto más o menos el año 58 d.C. El propósito de la carta era lograr el apoyo activo de la iglesia de Roma para su programa misionero. Pablo destaca la universalidad del pecado del hombre, pero que Dios salva a los hombres por la fe en Cristo. También trata del lugar de Israel en el plan de Dios para la salvación y la conducta del cristiano.

Rosa

El contexto indica que no siempre se refiere a esa flor; probablemente la palabra a veces se usa en forma figurada. En algunos casos la referencia pudo ser al azafrán (su flor es semejante a una rosa), y en algunos casos a la adelfa, la rosa de Sarón. La roda de Jericó es una planta seca que se abre cuando se le pone agua.

R

Roseta, Piedra

Descubierta en el delta del Nilo, esta piedra tiene grabado el mismo decreto en tres idiomas: Jeroglíficos egipcios, demótico y griego. Con esta clave fueron descifradas la escritura jeroglífica y la demótica en 35 años.

Ruda

Ruda

La ruda es un arbusto de hoja perenne muy fragante que se usa mucho como condimento y medicina. Algunos manuscritos antiguos en Lc 11.42
tienen eneldo en lugar de ruda, y puede ser que la
referencia sea realmente al eneldo (véase Mt
23.23).

Rut, Libro de

La historia de Rut, una moabita que después de la
muerte de su marido acompañó a su suegra Noemí
a Belén donde se casó con Booz y como tal antepa-
sado de David. El libro es un idilio de la vida familiar, y se suele considerar suplemento del libro de
Jueces, pero posiblemente de una época un poco
posterior.

Sabat

(Heb. «cesación») Aparentemente los israelitas adoptaron el calendario de los cananeos, relacionado con el calendario babilónico, antes de la entrega de los Diez Mandamientos que establecían el día de reposo como ordenanza perpetua. Después de la resurrección de Cristo el primer día de la semana, ese día pasó a reemplazar el séptimo día como el sabat («reposo») cristiano. Los babilonios observaban un día de reposo, llamado sabattu, descrito como «día de reposo para el corazón». Ese día se prohibía comer alimentos cocinados, ponerse ropa limpia, ofrecer sacrificios, subir a un carro y cosas semejantes. Caía en los días 7, 14, 19, 21 y 28 de cada mes lunar, en que el día 19 era el día 49, o séptima semana desde el 1 del mes precedente. El relato babilónico de la creación dice a la luna: «El séptimo día divide tu disco; ponte derecha con su primera mitad del sabat (sabattu)».

Sabático, Año

Cada séptimo año, durante el cual, según la ley, los campos y viñedos debían permanecer sin cultivar, y su producción debía compartirse con el pobre. El extranjero y las bestias del campo. Las deudas de los israelitas contra los israelitas debían ser remitidas. Alejandro el Grande y Julio César liberaron de los impuestos a los judíos en el año sabático. Después de siete veces siete años sabáticos estaba el año de jubileo, en que toda tierra que había sido vendida o se había perdido volvía a sus propietarios originales y todos los esclavos quedaban libres.

Aunque no hay registro de cómo era realmente la celebración del jubileo en la práctica, se hace varias referencias a él en las Escrituras.

Sabiduría

El libro de los Proverbios es el más antiguo documento sapiencial. En él se pueden encontrar diversas vetas de material y expresa la sabiduría acumulada de todos. Contiene homilías breves, muchas símiles y proverbios balanceados. La estructura es poética e impresionante.

Sabiduría de Salomón, La

Este libro, junto con el libro de sabiduría de Ben Sirac, o Eclesiástico, pertenece a la clase llamada libros sapienciales, representados en el canon por Job, Proverbios y Eclesiastés. La Sabiduría de Salomón nada tiene que ver con Salomón, y no es de antes del primer (o quizás segundo) siglo a.C. Probablemente fue escrito en griego por un judío alejandrino. Es una obra noble, y tuvo una estimación tan alta entre los cristianos que estuvo más cerca de la aceptación en el canon que cualquiera de los libros deuterocanónicos. Algunas de sus porciones que son un elogio de la sabiduría, y tratan de las recompensas y castigos relacionados con justos e injustos, siempre han sido muy admiradas, y algunas de sus oraciones se han hecho proverbiales: «En todas las edades la sabiduría entra en las almas santas, y las hace amigas de Dios y de los profetas»; «Las almas de los justos están en las manos de Dios, y los tormentos no los alcanzarán».

Sacerdotes

Ministros del altar, descendientes de Aarón, a cuya descendencia se restringía el oficio sacerdotal según la legislación levita. Más adelante remontaban su procedencia de la familia sacerdotal de Sadoc, contemporáneo de David. El sacerdote se regía por leyes especiales. Sus deberes eran principalmente tres: ministrar en el santuario, enseñar al pueblo, y comunicar la voluntad divina. Su vestidura, de lino blanco, estaba formada de pantalones cortos, una túnica sin costura, larga hasta los tobillos, un cinto y un gorro con la forma de una taza. David dividió a los sacerdotes en 24 clases. Cada clase oficiaba durante una semana. El segundo sacerdote era probablemente lo mismo que el gobernador de la casa de Dios y el capitán del templo. Como maestros del pueblo, los sacerdotes fueron superados primero por los profetas y luego por los escribas. Los principales sacerdotes del NT eran los sumos sacerdotes en ejercicio, los antiguos sumos sacerdotes aún vivos y los miembros de estas familias privilegiadas.

El sumo sacerdote era el jefe espiritual de la nación. El jefe de la casa de Aarón detentaba este oficio. Estaba sujeto a leyes especiales. Sus deberes especiales eran supervisar el santuario, su servicio y sus tesoros; realizar los servicios del Día de la Expiación, cuando se le requería que entrara al Lugar santísimo; y consultar a Dios por el Urim y Tumim. Después del exilio y cuando Israel estuvo bajo dominio extranjero fue que el sumo sacerdote llegó a ser también el representante político de la nación. Sus vestiduras oficiales, aparte de las que eran comunes a todos los sacerdotes, eran: el efod, de azul, púrpura, escarlata y lino fino, entretejido con hilo de oro, no identificado de otra manera; el pectoral, del mismo material que tenía por el exterior doce piedras preciosas engastadas en oro en cuatro corridas, cada una con el nombre de una tribu de Israel, y dentro de un bolsillo, el Urim y Tumim; el manto sin mangas del efod, de azul oscuro, con franjas de granadas y campanillas; la mitra, un turbante.

Sacrificio

Algo de valor ofrecido a una divinidad a cuenta de favores esperados, o como expiación por pecados o hechos incorrectos. La costumbre es muy antigua, y se encuentra en todos los pueblos primitivos. Las leyes de sacrificios y ofrendas con vigencia para los israelitas se encuentran en el libro de Levítico. Los ritos de sacrificios del AT fueron abolidos en la muerte de Cristo, el sacrificio perfecto para todos por todo el tiempo.

Sadrac, Mesac y Abednego

Nombres babilonios de los tres compañeros de Daniel, cuyos nombres hebreos eran Ananías, Misael y Azarías. Los cuatro jóvenes demostraron el vigor de la fe judía ante la hostil corte babilónica.

Saduceos

Un partido al que pertenecían los aristocráticos sacerdotes que trazaban su linaje hasta los hijos de Sadoc, principales ministros del templo desde el tiempo de Salomón. Eran una casta exclusiva, dirigida por hombres ricos y de elevada posición social. Mientras los fariseos tenían su plaza fuerte en las sinagogas y escuelas de las aldeas y pueblos, los saduceos tenían su centro en el templo en Jerusalén. Estaban abiertos a toda clase de influencias mundanas, incluyendo en su tiempo la cultura griega y la burocracia romana. Su principal interés era político, y su principio directriz era estar en buenos términos con cualquier poder que les asegurara el monopolio del oficio. Reconocía como obligatoria sólo la ley escrita, y rechazaban las tradiciones de los escribas; ignoraban la esperanza mesiánica y la doctrina de la resurrección; negaban igualmente la existencia de ángeles y espíritus y la mano soberana de Dios que rige o coopera en las acciones de los hombres. Después de la caída de Jerusalén perdieron toda influencia (70 d.C.).

Sal

Común en más de una parte de Palestina, y abundante alrededor del Mar Muerto, la sal en roca aparece en estratos en toda su costa a diversos niveles. También en las aguas, que al evaporarse dejan depósitos del mineral.

Salmanasar

(Acad. «Salmanu es líder») Nombre de cinco reyes de Asiria. El último, Salmanasar V (727-722 a.C.) sitió Samaria y murió asesinado durante el sitio.

Salmos, Libro de los

Primer libro en el grupo conocido como los Escritos. Son himnos del judaísmo y del cristianismo.

Salmos es una colección de poemas escritos a lo largo de extensos períodos por diversos autores. Expresan el corazón de la humanidad en todas las generaciones por medio de una variedad de experiencias religiosas. Originalmente la poesía se cantaba con acompañamiento de instrumentos de cuerdas. Una de las características de la poesía hebrea es el paralelismo; esto es, la segunda línea reitera en alguna forma la idea de la primera.

Salomé

Esposa de Zebedeo y madre de Jacobo y Juan. Ella vio la crucifixión y fue al sepulcro de nuestro Señor la mañana de la resurrección para ungir su cuerpo con especias aromáticas.

Salomón

(Heb. «pacífico») Hijo de David y Betsabé, tercer rey de Israel. Se narra su historia en 1 R 1-11 y 2 Cr 1-9. Durante su brillante reinado el poder del reino alcanzó su cenit. Mantuvo relaciones cordiales con Egipto, y se casó con la hija del faraón. Mantuvo la autoridad sobre todas las tierras conquistadas por David y subyugó a los habitantes no israelitas de Palestina. Su mayor obra fue la edificación del templo de Jerusalén. Edificó un palacio para sí, y otro para su reina egipcia; además la «casa del bosque del Líbano», arsenal en Sion construido con madera del Líbano, y completó la fortificación de Jerusalén. El templo sólo fue consagrado cuando todas estas obras estuvieron terminadas, el año 24 de su reinado. Salomón completó la transición del reino que su padre había consolidado y lo convirtió en un despotismo oriental, y estableció fortalezas, incrementó el ejército, introdujo la caballería y se lanzó en grandes empresas para promover el comercio con naciones extranjeras. Formó un enorme harem, y fue arrastrado a la idolatría por la influencia de sus esposas paganas. La magnificencia de la corte se mantuvo mediante impuestos opresivos, que finalmente exasperaron a sus súbditos. La última parte de su reinado no satisfizo la promesa de su comienzo, cuando en la famosa visión de Gabaón, eligió la sabiduría en vez de larga vida, oro o victoria, y Dios se la otorgó dándole, además de un corazón sabio y entendido, riquezas y honor. Junto con un poder extraordinario de discernir los motivos humanos, tuvo el don de expresar sus pensamientos en dichos llenos de rico contenido, que lo hicieron famoso aun más allá de sus fronteras. Nada había en la esfera de la naturaleza de lo que no pudiera hablar. Era por sobre todo hábil en la sabiduría práctica que, basada en la religión, abarcaba todos los problemas morales de la vida.. Fue el fundador de la literatura sapiencial. Se le atribuyen Proverbios, Eclesiastés, Cantares y los Salmos 72 y 127. La colección de 18 poemas denominada Salmos de Salomón, llamado además «Salmo de los Fariseos», fue escrita en hebreo el siglo primero aC, y ahora sólo existe en una versión griega. También se le atribuye el deuterocanónico «Sabiduría de Salomón».

Salterio

El instrumento aparece en relieves de Asiria. Las

cuerdas están puestas sobre una caja de resonancia y se golpean con una varilla.

Saludo

Entre los judíos la salutación era «La paz sea contigo» o algo parecido. La respuesta era: «El Señor te bendiga». Se omitía sólo en caso de mucha prisa o de intensa concentración.

Samaria

Ciudad de Palestina 42 millas (67 km) al N de Jerusalén y 25 millas (40 km) al E del mediterráneo. Fue fundada por Omri como su capital más o menos el año 920 a.C. como su capital. Fue tomada por Sargón el año 722 a.C. y fue reedificada por Herodes el Grande, que la llamó Sebaste. Las excavaciones han revelado una ciudad edificada en forma magnífica, hermosamente diseñada. La provincia de Samaria, parte central de Palestina, se extiende entre el mar y el valle del Jordán y coincide con el territorio de la media tribu de Manases.

Samaritano

Población mixta, en parte israelita por descendencia, que los cautivos que regresaron hallaron en el norte de Israel. Eran los odiados vecinos y rivales de la teocracia judía. «Samaritano» era para los judíos un nombre despreciado y de reproche (Jn 8:48).

Samaritanos, Pentateuco

Un manuscrito de Qumrán (Rollos del Mar Muerto) verifica su antigüedad y fidelidad en su trasmisión, y otros rollos antiguos confirman su antigüedad. Todavía existe en MSS de gran edad como los MSS hebreos.

Samuel

Efraimita, último de los jueces, profeta del siglo 11 aC, que por su sabia administración en la guerra y en la paz obtuvo gran autoridad en Israel, pero finalmente tuvo que acceder al deseo popular y dejar el liderazgo en manos de un rey. Pasó sus últimos años en Ramá, y fundó y dirigió escuelas de profetas.

Samuel, Primero y Segundo libro de

En el hebreo, los dos libros de Samuel se cuentan como uno. Contienen la historia de Israel desde Elí hasta la vejez de David, y en particular material acerca de las condiciones religiosas y morales del período. Samuel es el gran profeta juez que ayudó a reunir las tribus dispersas bajo un rey, Saúl. La historia de los reinados de Saúl y David aparecen como partes importantes de este libro.

Sandalia

Una suela de cuero atada al pie mediante una tira o correa, un cordón. En los monumentos antiguos se muestran diversos tipos, pero la mayoría de las personas se representan descalzas.

Sándalo

(2 Cr 2.8; 9.10, 11; 1 R 10.11, 12) Madera del Líbano, como en 2 Cr 2.8, o de Ofir (1 R; 2 Cr 9.10, 11) utilizada en la construcción del templo e instrumentos musicales.

Sanedrín

Senado o corte suprema de justicia de los judíos

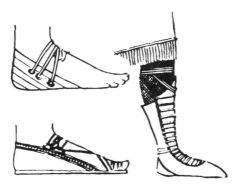

Sandalias asirias atadas al pie por medio de
correas de cuero.

Sandalias

para hacer respetar el sistema mosaico de la ley sagrada en la vida nacional y cívica. Ya existía en el período griego. Se reunía bajo la presidencia del sumo sacerdote, y estaba formado por unos 71 miembros (principales sacerdotes, ancianos y escribas), entre los cuales la aristocracia sacerdotal tenía la supremacía, o por un consejo de 23 miembros. Perdió el derecho de vida y muerte bajo los romanos, aunque en momentos de especial excitación este límite no se respetaba.

Sanguijuela

La sanguijuela (haemopis sanguisuga) y la sanguijuela medicinal (hirudo medicinalis) son comunes en Palestina, donde hay otras variedades de sanguijuelas. Abundan en las aguas y lugares húmedos de los países cálidos y frecuentemente se convierten en plaga que atacan a hombres y animales por igual.

Sansón

(Heb. «hombre del sol») Juez o héroe de la tribu de Dan, hijo de Manoa, nativo de Zora, que pertenecía a Dan. Era «nazareo a Dios» desde su nacimiento, el primer nazareo mencionado en la Escritura. El relato no lo representa como líder de su pueblo, en la paz ni en la guerra; las suyas son hazañas personales contra los filisteos.

Santiago, Epístola de

Libro del NT, escrito por el hermano del Señor, da instrucción ética para todo el pueblo judío convertido a Cristo. Es claro y práctico en su tratamiento de la conducta cristiana.

Sardio

Variedad de la calcedonia rojo traslúcida y más oscura que la cornalina.

Sardis

Capital de Lidia. Era una ciudad comercialmente rica, con una fuerte ciudadela.

Sargón

(Acad. «el rey es legítimo») Sargón I (1850 aC?) fue rey de Asiria, que aparece en tablillas y monumentos como el 27º monarca. Sargón II (722-705 a.C.) puso fin al reino de Israel al conquistar y destruir Samaria. Deportó más 27.000 de su pueblo; desaparecieron o fueron absorbidos por Media. Otros pueblos conquistados fueron llevados a Samaria para reemplazarlos.

Sarón

(Heb. «llano o territorio plano»)

Desde el Carmelo hasta algunas lomas bajas al S de Jope, se extiende la llanura de Sarón, que antes estaba cubierta en el N por un bosque considerable, pero era más cultivable en la porción sur.

Sauce

Hay varias especies en Palestina. A veces se confunde con la adelfa y el álamo.

Saúl

Hijo de Cis, de la tribu de Benjamín, primer rey sobre Israel. Luchó exitosamente contra Moab, Amón, Edom, Soba, los filisteos y los amalecitas. Su obstinación al preferir el sacrificio en lugar de la obediencia al mandamiento divino antes de entrar en guerra con los filisteos, y la violación de la mal-

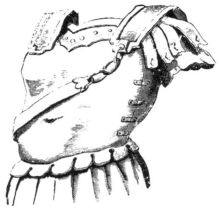

Cota de malla de Saúl

dición contra los amalecitas, pruebas de su falta de lealtad a Jehová, verdadero rey de Israel, llevaron a que fuera desechado del reinado. Locamente enojado, furioso, trató de quitarle la vida a David y asesinó a los gabaonitas y a los sacerdotes de Nob. En la desastrosa batalla de Gilboa, donde perdieron la vida Jonatán y otros dos hijos de Saúl en manos de los filisteos, Saúl, desesperado, se dejó caer sobre su espada y murió. Imponente de presencia y en comportamiento, generoso en sus impulsos, recto en carácter, heroico en la acción, sin embargo mostró que un acto de desobediencia, un ejemplo de infidelidad, puede ser el comienzo de una caída del llamamiento divino al servicio más alto.

Saulo de Tarso

Véase Pablo.

Seba

Nombre de dos personas y un lugar, Beer-Seba, mencinados en el AT, además de la reina de Seba.

Sedequías

(Heb. «Jehová es mi justicia») Nombre de cuatro personajes del AT, uno de los cuales fue el último rey de Judá.

Shebat

Undécimo mes del calendario hebreo.

Seir, Monte

1. Principal cadena montañosa de Edom; la moderna Jabel es-Shera.

2. Monte 9 millas (unos 13 km) al O de Jerusalén.

Sela

1. Ciudad edomita fortificada, identificada con Umm el Bagyarah, en las rocas sobre Petra, la ciudad nabatea. Sela fue conquistada por Amasías de Juda y le puso Jocteel (2 R 14.7).

2. Otros dos lugares llamados Sela se mencionan en el AT, pero no se han identificado.

Selah

Se cree que era una indicación para el director de música del templo para el sonido de los címbalos.

Seleucia

Nombre de 9 pueblos antiguos, cuatro de ellos de interés para el lector de la Biblia.

1. Seleucia de Siria, puerto de Antioquía, frecuentado por el Apóstol Pablo.

2. Seleucia en Mesopotamia, ciudad de más de medio millón de habitantes, con una considerable población judía.

3. Seleucia de Silicia.

4. Seleucia en el N de Palestina, que fuera importante, pero todavía no se identifica.

Sello

Como los demás pueblos del medio oriente (Babilonios, egipcios), los hebreos llevaban un anillo de sellar, o un sello; después se usaba un cilindro grabado con ciertas figuras o caracteres. Esto impreso en una tablilla de greda o de cera blanda, servía como firma en un país donde muy pocos sabían escribir. La tumba de Jesús fue sellada, y el libro en Apocalipsis tenía siete sellos. Metafóricamente, se usa para la circuncisión, el Espíritu Santo, y se dice de los convertidos que son testimonio del ministerio de Pablo.

Semanas, Fiesta de las

La segunda de las tres grandes fiestas del año. Incluye el día de las primicias. También se le llamaba fiesta de Pentecostés. Véase además, Fiestas.

Semitas

El nombre se da a los descendientes de Sem, y ha sido dado a la parte de la raza blanca que habla los idiomas semitas: asirio babilonios, arameos, hebreos, cananeos, sirios árabes, samaritanos, moabitas, sabeos, y etíopes.

S

Senaquerib

Rey de Asiria y Babilonia (705-681 a.C.).

Seol

Morada de los muertos.

Septuaginta

Nombre de la más antigua versión griega del AT, hecha en Alejandría. Se la llama Septuaginta (Lat. «setenta») por los 70 traductores que supuestamente trabajaron en ella. Comúnmente se abrevia LXX. La leyenda de su formación es la siguiente: Ptolomeo Filadelfo, rey de Egipto, por sugerencia de su bibliotecario Demetrio Falero, envió una embajada a Eleazar, sumo sacerdote en Jerusalén, para obtener copias de los libros sagrados de la ley judía, para traducirlos al griego. Les enviaron copias magníficas, y un cuerpo de 70 o 72 traductores fueron puestos en habitaciones en la isla de Faros. Una tradición afirma que los traductores fueron encerrados en celdas personales y cuando terminaron el trabajo todas las traducciones coincidían perfectamente.

No hay dudas en que el Pentateuco fue traducido al griego en Alejandría ya en el tiempo de Ptolomeo Filadelfo (284-246 a.C.). El verdadero relato es que en Alejandría había muchos judíos que no podían leer el AT en su idioma original. Entonces se fue produciendo gradualmente una versión griega en los siglos tercero y segundo aC; probablemente toda la obra se completó hacia el año 150 a.C. Como traducción, es muy irregular, y nos ha llegado en estado de gran corrupción.

Sermón del Monte

El discurso de Mateo 5-7 inicia el ministerio público de Jesús como el Mesías, aunque en Lucas aparece en una versión más breve y algún tiempo más tarde. No se ha localizado «el monte de las bienaventuranzas», que se supone cercano al Mar de Galilea. El Sermón del Monte es una exposición de la naturaleza del reino de Dios y su justicia. En las bienaventuranzas presenta el carácter, y, bajo las imágenes de la sal de la tierra y la luz del mundo, el deber de los ciudadanos del reino hacia el mundo. Después de mostrar que la mejor justicia del reino viene para cumplir y llevar a la perfección, no a destruir, lo que era bueno en el pasado, procede a revelar la verdadera justicia respecto de los mandamientos 6, 7 y 3. La obediencia debe alcanzar más allá que las palabras sola del mandamiento. El capítulo 6 trata de los ejercicios religiosos de la limosna, la oración y el ayuno, y muestra que la relación del cristiano con sus bienes mundanos debe ser sin codicia ni avaricia, sin la búsqueda de fines adicionales, sino con simpleza y sin ansiedad. El capítulo 7 prohíbe el juicio apresurado y la profanación de lo santo, estimula a la oración, presenta la «regla de oro" del amor, enfatiza la necesidad de la decisión religiosa; luego, después de describir la prueba para distinguir el verdadero profeta del falso, y de falsos discípulos del verdadero, concluye con la doble parábola de la casa y su fundamento.

Sepultura

Se realizaba, como ocurre actualmente en Palestina, el mismo día de la muerte o al día siguiente. En cuanto se producía la muerte se le cerraban los ojos al muerto. Lavaban el cuerpo, lo ungían y lo envolvían con vendas de lino. No se menciona que los israelitas hayan seguido la costumbre egipcia de embalsamar los cuerpos. En el AT parece que los muertos eran sepultados con la vestidura que usaban en vida. El cuerpo muerto lo llevaban al sepulcro en un sarcófago abierto, seguido por los endechadores y las mujeres lloronas profesionales. La quema del cadáver era un recurso utilizado sólo cuando se trataba de criminales culpables de los crímenes más odiosos y se miraba con horror. Era una gran calamidad ser privado de la sepultura. Muchos pasajes del AT prueban el deseo de los israelitas de ser enterrados en el sepulcro familiar («con sus padres»), evidencia de su creencia que la comunión con los familiares subsistía después de la muerte. Los sepulcros eran zanjas cavadas en la tierra o cámaras labradas en la roca, cerradas con una gran roca para evitar el acceso a las bestias salvajes. Los sepulcros en la roca abundan en las inmediaciones de Jerusalén. Más tarde surgió la costumbre de blanquear las piedras que cubrían los sepulcros cada año después de la estación de la lluvia, para evitar que los que pasaban se contaminaran accidentalmente al tocarlos.

Serpiente

En Palestina se conocen más de 30 diferentes clases de serpientes, de las cuales algunas son venenosas. Todas las víboras eran consideradas inmundas.

Shema

(Heb. «oír») «Oye, Israel, Jehová nuestro Dios, Jehová uno es...» Confesión principal de la fe judía (Dt 6.4-9; 11.13-21; Nm 15.37-41).

Shibolet

Contraseña galaadita, que al pronunciarla mal los efraimitas eran detenidos.

Sicar

Aldea distante unos 1.500 m hacia el E de Siquem, cerca de la tumba de José y el pozo de Jacob, la moderna Tell Balatah.

Sicario

Numerosa banda de forajidos surgidos en Judea durante la procuraduría de Féliz y que después tuvo un papel importante en la guerra de los judíos. Su nombre, sicarios, derivó de su larga daga curva (Lat. Sica), que llevaban debajo de sus ropas, y con la que acuchillaban a sus opoenetes secretamente en las multitudes de los festivales.

Siclo

Véase Monedas

Sicómoro

Un tipo de higo con hoja parecida a la morera.

Sidón

S

Ahora, Saida; ciudad cananea muy antigua con un buen puerto, al N de Tiro, centro del comercio de Fenicia. Su nombre aparece en monumentos antiguos de 1500 a.C. Aquí se encontró el sarcófago de Esmunazar, que reinó en Fenicia y Sarón el tercer siglo a.C.

Siega, segador

El grano se cosechaba a mano. El centeno maduraba en abril y mayo. El grano se cortaba hacia la mitad del tallo con una hoz hecha de piedra, y se ataba en gavillas, o se cortaba cerca de la espiga. Después del siglo 10 aC, la hoja de la hoz era curva. La cosecha de todos los granos requería seis o siete semanas y la ley prohibía espigar los que caían, para que pudieran espigar los pobres.

Siega, Fiesta de la

Una de las tres grandes festividades anuales, celebrada al final del año agrícola. También se la llamaba Fiesta de la Cosecha. Véase Fiestas.

Silo

Ciudad de Efraín, ahora Kirbet Seilum, 10 millas al NE de Betel, sitio donde estaba el tabernáculo desde el tiempo de Josué hasta el tiempo de Samuel.

Siloé

(Heb. «estanque del acueducto») Reservorio de agua para el huerto del rey en Jerusalén; se llama también «estanque entre los dos muros».

Simeón

(Heb. «[Dios] ha oído») 1. Segundo hijo de Jacob, progenitor de una de las 12 tribus.

2. Hombre devoto que bendijo al bebé Jesús cuando fue presentado en el templo.

Simón

1. Simón Pedro. Véase Pedro.

2. Simón el celote, también uno de los doce.

3. Simón el fariseo, en cuya casa Jesús fue ungido.

4. Simón de Cirene, que cargó la cruz de Jesús.

Simón el mago

Mago samaritano que, impresionado por los milagros de los cristianos, ofreció dinero a Pedro y a Juan por el poder del Espíritu Santo.

Simón Macabeo

Hermano de Judas Macabeo. Véase Macabeos.

Sinagoga

(Gr. «una reunión») Casa de reunión para el culto judío. Servía como iglesia, corte de justicia y escuela, y era gobernada por los ancianos de la localidad, con autoridad para infligir diversas penalidades, incluidos el azote y la excomunión (temporal o permanente). Las reuniones de la sinagoga se celebraban cada día de reposo, y el segundo y quinto día de la semana. El culto era dirigido por un varón elegido para cada ocasión por el gobernador de la sinagoga. Las sinagogas se instituyeron después del exilio; eran el medio principal para el conocimiento religioso y la comunión espiritual. La organización de las primeras comunidades cristianas en gran medida fue estructurada según las sinagogas.

Sinaí, Monte

Se cree que es Jebel Musa, 7.500 pies (unos 2500 m), cerca del extremo sur de la península de Sinaí.

Sinar

Otro nombre para Babilonia.

Sion

Nombre original de una colina fortificada de la Jerusalén preisraelita, y poéticamente extendida para ser la capital religiosa de Israel.

S

Siquem

(Heb. «¿hombro?») Antigua ciudad cananea cerca del monte Gerizim, 40 millas (unos 64 km) millas al N de Jerusalén. Abraham, Jacob y Josué visitaron Siquem, y Jeroboam la convirtió en su capital. Un pequeño número de samaritanos vive en la ciudad moderna, y tienen su sinagoga en la ladera sur de Nablus. Las excavaciones indican la presencia de una ciudad ya en el año 4000 a.C.

Siria

(Heb. «llanura») Región que se extendía desde el monte Tauro hasta Tiro, y desde el Mediterráneo hasta el Tigris. En el tiempo del NT Siria incluía sólo el Aram occidental. Estaba bajo un procónsul romano.

Sisac

Faraón egipcio (940-915 a.C.), fundador de la vigésima segunda Dinastía; en la pared S del templo de Karnak se da una lista de lugares que conquistó en Palestina. La mayoría de ellos estaban en Judá; unos pocos, Meguido y Taanac, pertenecían al reino del norte.

Siván

Tercer mes del calendario hebreo.

Sodoma

Una de las ciudades de la llanura, donde vivió Lot. Fue destruida en un juicio de Dios con otras ciudades de la llanura. Véase Gomorra.

Sofonías

(Heb. «Yah ha cobijado») Nombre de cuatro personas en el AT, uno de los cuales profetizó en el tiempo de Josías y antes de la caída de Nínive (606 a.C.).

Sofonías, Libro de

En este libro del AT, el profeta Sofonías advierte a Judá y a Jerusalén la cercanía del gran día del juicio de Dios, y que las naciones vecinas están por caer. Llama a Jerusalén al arrepentimiento y profetiza que será reunido el remanente fiel y los pueblos servirán a Jehová de común consentimiento. El himno sobre el juicio del mundo, *Dies irae*, dies illa («Ese día de ira, ese día terrible») fue tomado de Sofonías 1.14-18 por Tomás de Celano (siglo 13).

Somormujo

(Heb. «shalak») Ave no identificada definitivamente y que en algunas versiones se llama cormorán y pelícano.

Sucot

Ciudad de Gad identificada como Tell Deir'alla, 2 millas (poco más de tres km) al N de Jaboc. Hay evidencias de un asentamiento muy antiguo en Egipto. Sucot en Egipto ha sido identificado con Tell el-Maskhutah.

Sumer, sumerio

Los sumerios entraron en la región mesopotámica alrededor de 3500 aC, y absorbieron, expulsaron o fueron absorbidos por el pueblo Ubaid, que había vivido allí desde 4000 a.C. Sumer desarrolló complejos sistemas de irrigación, elaboraron complicadas tablas matemáticas y problemas algebraicos, tenían una farmacología, un panteón, sellos cilíndricos y un sistema de escritura cuneiforme. Unos

nómadas semitas, los amorreos, gradualmente
conquistaron las ciudades e introdujeron su idioma, el acadio. Sumer se extinguió como pueblo y
gobierno, y en su lugar surgieron Babilonia y Asiria.

Sumo sacerdote

Principal en la jerarquía sacerdotal. En la historia
de Israel el sumo sacerdote compartía los honores
con el rey.

Sunem

Aldea de Isacar, identificada con la moderna So-
lem, que se menciona por primera vez antes de
1400 a.C. Está 9 millas al N de Jenin. Saúl se enfrentó allí con los filisteos, y Elías resucitó al hijo de una
mujer de Sunem.

Susa, Susán

Antigua capital de Elam, al SO de Irán. Como ciudad tiene una historia de más de 5.000 años, como
revelan las excavaciones.

Tábano

Véase Avispa.

Tabernáculo

El tabernáculo y sus muebles, preparados según las instruccines de Éx 25-31 y transportado por los israelitas en sus peregrinaciones por el desierto, y luego fue el lugar de la presencia de Dios en medio de su pueblo por un tiempo considerable. Era un santuario portátil, financiado con donaciones voluntarias, que sirvió hasta que Salomón construyó el templo. Los materiales usados estaban disponibles y se usaban con propósitos similares en las tierras circundantes; los colores usados para los cueros y las cortinas también se encontraban disponibles. El tabernáculo fue diseñado para proveer un alojamiento adecuado para el Arca del Pacto y como lugar de reunión para los ritos y cultos del pueblo de Israel. Estaba rodeado por un atrio, también especificado, de 150 por 75 pies (50 x 25 m) dejando en su interior además del tabernáculo, un altar para el holocausto y una fuente para las abluciones.

Tabernáculos, Fiesta de los

Fiesta otoñal, una de las tres festividades anuales más importantes en Israel. Llamada también Fiesta de las cabañas, es la celebración de la cosecha. Comienza el día de la luna llena del mes séptimo, esto es a comienzos de octubre.

Tablillas Tell el-Amarna

Colección de 296 tablillas de arcilla descubiertas en Tell el-Amarna, en Egipto el año 1887. Contienen las cartas de Amenotep IV y su padre Amenotep III, de varios reyes del Asia occidental, de príncipes fenicios y cananeos; la escritura es en caracteres cuneiformes, casi enteramente escritas en idioma babilónico, aunque solo un par de sus escritores eran babilonios. Su fecha es incierta, pero podrían ser más o menos de 1400 aC o antes. A Israel algunos lo identifican con los Kabiri de estas cartas, que invadieron Egipto unos 150 años antes.

Tabor, Monte

Se levanta a 1.843 pies (unos 615 m) en el rincón NE del Valle de Jezreel, 6 millas (c. 10 km) al ESE de Nazaret.

Talento

Peso usado en Mesopotamia, Canaán e Israel. Aunque variaba, su peso estaba en las cercanías de las 75 libras. Era equivalente a 6.000 dracmas (una moneda de plata) en el tiempo del NT.

Talmud

(Heb. «estudiar, aprender») Código fundamental de la ley civil y canónica del judaísmo rabínico. Está formado por la Mishna («repetición»), esto es, la Halaka o ley tradicional, según la escribió el rabino Judá el Santo (murió el año 219 d.C.) y sus discípulos; se divide en 6 partes y comprende 63 tratados, o 524 capítulos. Una obra suplementaria llamada Tosefta fue terminada el año 400 DC aproximadamente. La segunda parte del Talmud es la Gemara (completiva), que se origina en la escuela de Tiberias en Palestina más o menos el año 250 d.C. y se terminó hacia el año 400 d.C., y el Babilónico, que se desarrolló en la escuela de Sura en Babilonia y se completó hacia el año 550 d.C. En cuanto a los dos métodos de interpretación seguidos en el Talmud. Véase Halaka y Hagada.

Tamuz

Cuarto mes en el calendario hebreo.

Tamuz

Dios sumerio de la vegetación primaveral.

Tárgume

Cuando el hebreo bíblico ya no lo entendía el pueblo de habla aramea, como una versión en castellano antiguo no se comprendería hoy, se hizo necesario que un traductor diera el equivalente arameo cuando se leía el Hebreo. Esta interpretación oral o tárgume al principio era muy sencillo, pero gradualmente se hizo más elaborado y luego se puso por escrito. El Tárgume de Onkelos del Pentateuco, quizás del segundo o tercer siglo a.C. se hizo oficial, como el Tárgume de Ben Uziel sobre los profetas y los libros históricos, que es de fecha posterior.

Tarsis

(Heb. «Jaspe amarillo») En el AT, nombre de Tauro, un puerto lejano, pero no identificado, un paraíso distante.

Tebet

Décimo mes del calendario hebreo.

Techo

En el Cercano Oriente el techo es plano y usualmente revestido con una capa de barro apisonado de unas 10 pulgadas de espesor, en el que crece pasto en la temporada de lluvia (Sal. 129.6) Se usa mucho para secar, almacenar y aun para dormir en los meses cálidos, por lo que necesita un muro protector en las orillas (Dt. 22.8).

Tejón

Mamífero pequeño; conejo. Su piel se utilizó en la construcción del Tabernáculo (Éx 25.5). La piel también se usaba para hacer calzado (Ez 16.10).

Templo

El plano del templo de Salomón se basó en el del tabernáculo; sin embargo, sus dimensiones generales son el doble de las del tabernáculo, y sus muebles y decoraciones fueron en mayor escala. El templo mismo era de 90 x 30 pies (30 x 10 m) y 45 pies (15 m) de altura. Estaba edificado de piedras preparadas en la cantera, y su techumbre era de cedro. Los pisos eran de ciprés revestido de oro y las paredes estaban revestidas de cedro cubierto de oro. No se veía piedra alguna. El lugar santísimo era un cubo de 30 pies (10 m). En él había dos querubines de madera de olivo, revestidos de oro, cada uno de 15 pies (5 m) de alto, con alas de 7,5 pies (2,5 m) de largo. Estaba separado del santuario por un velo y por cadenas de oro y dos puertas de madera de olivo. El lugar santo o santuario tenía 60 pies (20 m) de largo 30 pies (10 m) de ancho y 45 pies (15 m) de alto. En las paredes había ventanas, probablemente cerca del techo. En el santuario estaba el altar del incienso, que era de cedro revestido de oro, 10 candeleros y diez mesas, y se entraba desde el vestíbulo por puertas de

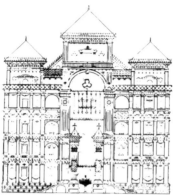

Templo de Salomón, vista frontal, según Schick (1896).

ciprés. A los dos costados y detrás del templo había
tres pisos de cámaras para los funcionarios y para
almacenaje; en el frente había un pórtico de 15 pies
(5 m) de ancho, delante del cual estaban las
columnas de bronce llamadas Boaz y Jaquín, de 27
pies de altura con capiteles en forma de lirios. Los
atrios del templo eran el gran patio de Israel y el
atrio interior de los sacerdotes, cercado por un
parapeto, y contenía el altar de bronce, el mar de
bronce sobre cuatro grupos de 3 becerros cada uno
y diez fuentes (vasijas para las abluciones) de
bronce. El templo fue incendiado por
Nabuzaradán, general de Nabucodonosor, el año
587 a.C.

El templo de Zorobabel fue levantado por los judíos durante el gobierno de Zorobabel cuando regresaron del cautiverio. Tenía el mismo plano general del antiguo, aunque las proporciones eran distintas, y en escala de menor magnificencia. Comenzado el 24 de septiembre del año 520, quedó terminado el 3 de marzo de 515 a.C.

El templo de Herodes superó al de Zorobabel. Fue comenzado 19 años aC, y sólo fue terminado entre los años 63-64 d.C. Su superficie fue aumentada al doble de sus dimensiones anteriores. El templo mismo reproducía en antiguo plano, sólo que la altura era 60 pies en lugar de 45. El Lugar Santísimo estaba separado del Lugar Santo por un velo y estaba vacío. El exterior estaba flanqueado por dos alas, y hacían un frente de 150 pies (50 m) de largo. Más allá del atrio de los sacerdotes había un gran atrio cuya parte más cercana al santuario estaba reservada para los hombres de Israel y la porción oriental para las mujeres. Estas estaban cercadas por una muralla fuerte. El gran portal en el muro E probablemente era la puerta La Hermosa. Más allá de estos recintos estaba el gran atrio de los gentiles, donde los cambistas y comerciantes exhibían el ganado que tenían para la venta.

Terafín

Casa de dioses, pequeña, portátil.

Terebinto

Una especie de zumaque que produce trementina de Quío. Su madera exuda unas gotitas de trementina blanca muy olorosa, inflamable, que se usa como perfume y en la preparación de barnices. Aunque se ha traducido olmo (Os 4.13), el olmo no se da en Palestina. Is 6.13 traduce roble.

Tesalónica

Actualmente Salónica, en Macedonia, al interior del golfo Termaico. En el tiempo de Pablo era una ciudad libre gobernada por siete politarcas. Su asamblea pública de Demas se menciona en Hch 17.5. Fue reedificada por Casandro (315 a.C.), y se le puso nombre nuevo como homenaje a su esposa, hermana de Alejandro el Grande, y desde 146 aC, fue asiento de los gobernadores romanos de Macedonia. Gran puerto y centro de la vía Ignacia (gran carretera del Adriático al Helesponto), era, después de Corinto, la segunda ciudad comercial de los griegos europeos, y es ahora Salónica, o Thessaloniki en Grecia.

Tesalonicenses, Epístolas de Pablo a los

Estas dos epístolas escritas por Pablo desde Corinto el año 50 ó 51 d.C., son los primeros escritos del NT. Fueron ocasionadas por el interés en la iglesia que había fundado hacía unos 18 meses en Tesalónica, teniendo que abandonar el lugar por causa de las persecuciones. Pablo dice a estos cristianos cómo deben ser y que deben cumplir su deber cada día y no permanecer ociosos, con la excusa de esperar la segunda venida de Cristo.

Tesoro

Toda riqueza es un tesoro. La riqueza en el mundo, el tesoro del templo se da en una lista en Esd 1.9-11, 2.69-70. Los tesoros reales se dan en una lista en 2 Cr 32.27-29, y los de Salomón en 1 R 10.10-29. Pero la enseñanza de Jesús era que había que renunciar a los tesoros del mundo para tener tesoros en los cielos. En las excavaciones se han encontrado tesorerías, lugares donde se guardaban los tesoros, cofres, agujeros abiertos en la roca, ciudades de almacenaje. El tesoro personal se podía llevar en el cuerpo o ser sepultado en un lugar secreto. El tesorero era el custodio del tesoro.

Tiatira

Ciudad importante de la antigua Lidia, sobre el río Lico, con una gran población griega y una probable población judía; era notable por la tintura de púrpura y sus tejidos. Una inscripción descubierta menciona su liga de tintoreros, entre otros.

Tiberias

Edificada por Herodes Antipas, en la costa O del Mar de Galilea, y famosa en el segundo siglo d.C. por su escuela de rabinos, y como sede del Sanedrín; ahora es un balneario popular. Está 700 pies (23 m) bajo el nivel del mar.

Tiempo

El reconocimiento que el hombre tuvo del año, las estaciones y el mes lunar es antiguo. El calendario se hizo con diversos grados de exactitud. Fue fácil dividir el mes lunar en dos períodos de 14 días, y convertirlos en semanas. Luego vinieron las maniobras para hacer que la semana y el mes lunar coincidan con el ciclo del equinoccio. Pero la división del día en segmentos fijos de tiempo requirió más tiempo. La hora fue de longitud variable hasta el siglo 18 a.C. Por eso las divisiones menores de la hora en la Biblia son sólo aproximaciones. Véase además, Calendario.

ANTIGUO TESTAMENTO

Mañana	Hasta las 10 am
Calor del día	Hasta las 2 pm aproximadamente
Fresco del día	Hasta las 6 pm
Primera vigilia de la noche	Hasta la medianoche
Segunda vigilia de la noche	hasta las 3 am
Tercera vigilia de la noche	hasta las 6 am

NUEVO TESTAMENTO

Hora tercera del día	6 a 9 am
Hora sexta del día	9 a 12 (mediodía)
Hora novena del día	12 a 3 pm
Hora duodécima del día	3 a 6 pm
Primera vigilia, Crepúsculo	6 a 9 pm
Segunda vigilia, Medianoche	9 a 12 pm
Tercera vigilia, Canto del gallo	12 a 3 pm
Cuarta vigilia, Amanecer	3 a 6 am

T

Tiglat Pileser

Rey de Asiria (745-727 a.C.) y, con el nombre Pul,

de Babilonia, 729-727 a.C. Invadió Palestina, y Oseas, rey de Israel, le pagó tributo.

Timoteo

(Gr. «uno que honra a Dios») Ayudante y compañero de Pablo que fue educado en la piedad por su madre Eunice y su abuela Loida, cuando aún no eran cristianas. Convertido de Pablo, viajó en Macedonia y Grecia, a veces con el apóstol, otras veces comisionado por él. Después aparece como representante del apóstol en Éfeso y estuvo en Roma mientras el apóstol estuvo prisionero allí.

Timoteo, Epístolas de Pablo a

Dos cartas escritas por el apóstol a su amigo Timoteo en Listra, hablan de las condiciones que había en la iglesia y describe las cualidades y deberes de los oficiales de la iglesia. Segunda Timoteo contiene la petición de Pablo a Timoteo para que lo visite en Roma. Primera a Timoteo, que ha sido comparada con perlas de diversos tamaños y colores unidas libremente por un solo hilo, debe de haber sido escrita entre 64 y 67 dC; Segunda a Timoteo debe de haber sido escrita hacia el año 67, y es el último escrito de Pablo que aún subsiste.

Tirhaca

Rey de Etiopía y Egipto (689-664 a.C.) que fue derrotado en el Delta del Nilo por los asirios y fue desplazado hacia el S. Puso su capital en Tebas.

Tiro

Famosa ciudad fenicia, que según Heródoto, data del siglo 28 a.C. Aparece como ciudad famosa ya en el siglo 14, en las cartas de Tell el-Amarna. El rey

Irma (981-947 a.C.), que tuvo negocios con Salomón y envió obreros a ayudar en la construcción del templo, edificó un gran rompe olas que dio a Tiro una de las mejores bahías en el Mediterráneo oriental; todavía se puede ver ahora bajo unos 50 pies (unos 12 m) bajo el agua. La ciudad era famosa por la púrpura, sus cristales y otras manufacturas, y comerciaba por todo el Mediterráneo, para lo que fundó varias colonias; la de Cartago data de 850 a.C. Fue atacada con frecuencia por Egipto y Asiria, y a veces fue forzada a pagar tributo a una o la otra nación. Fue Alejandro quien la destruyó, vendió como esclavos a 30.000 de sus habitantes, y ahorcó a 2.000 líderes. Tiro nunca recobró su anterior prestigio, y ahora es una ciudad de unos pocos miles de habitantes, y se llama Sur.

Tisri

Séptimo mes del calendario hebreo.

Tito

Ayudante de Pablo en su obra apostólica. Tito lo acompañó al Concilio de Jerusalén como cristiano gentil que había permanecido incircunciso. Después aparece como comisionado de Pablo en Corinto.

Tito, Epístola de Pablo a

Esta epístola del NT menciona que Tito fue dejado por Pablo en Creta para organizar la obra, y le presenta los deberes del oficio pastoral y las virtudes de la vida doméstica y social. Es difícil que haya sido escrita antes de la persecución de Nerón (64 d.C.).

Tobías

El libro de Tobías puede haberse escrito en Arameo hacia el año 200 a.C. Es la historia de la recompensa para un judío bueno y su hijo por su piedad y buenas obras. Los protestantes lo ponen entre los libros deuterocanónicos.

Tomás

Uno de los doce discípulos de Jesús, llamado «Dídimo» («mellizo») en el Evangelio de Juan, que es la traducción griega del nombre arameo. Aparece en el Evangelio de Juan capítulos 11, 14 y 20, los que revelan el amor intenso que lo unía a su Maestro. La imagen de la crucifixión llenó su mente, y su tristeza no pudo ser consolada por el testimonio de los demás; debía ver antes de creer que su Señor había resucitado. Jesús lo reprende tiernamente y le concede lo que deseaba: y Tomás respondió y le dijo: «Señor mío y Dios mío».

Una antigua tradición dice que Tomás predicó el evangelio en Partia y fue sepultado en Edesa. Los cristianos de Malabar, los «Cristianos Tomás«, lo consideran el fundador de su comunidad.

Topacio

Es un fluosilicato de aluminio, generalmente de una resina de color amarillo.

Topo

(Heb. «excavador») Los topos de Is 2.20 quizás incluyan la rata, la ardilla de tierra y animales similares. El topo de América es desconocido en Palestina, pero el topo/rata es muy abundante.

Tributo

Pago de un rey o nación a otro como reconocimiento de su sumisión, para protección o para cumplir un tratado. Algunos países vecinos pagaban tributo a David y a Salomón, y Omri también tuvo éxito en la imposición de tributos, pero durante gran parte de la historia, Israel fue tributario a Siria y los países mesopotámicos del E y de Egipto por el O.

El impuesto del templo a veces se llama tributo, debido al pacto de Dios y los israelitas. También se llamaba tributo al censo de la población con el impuesto o tributo civil.

Trigo

En el Cercano Oriente el trigo ha sido cultivado para alimentación desde el Neolítico o antes. Se cultivaban diversos tipos de granos.

Trilla

Los granos más blandos, como la cebada y el comino, se golpeaba con varillas y desgranadores. Otras especies se trillaban con las patas de ganado o por medio de trillos hecho de tablones y llenos de piedras o hierro o de rodillos con dientes de hierro.

Trompeta

Las trompetas halladas eran de oro, plata, bronce, cobre, huesos o conchas con una columna de aire de algo menos de 2 pies (61 cm). En los Rollos del Mar Muerto hay instrucciones para tocar una cantidad de complicadas señales. El shofar o cuerno de carnero no es una verdadera trompeta.

U

Unicornio

Podría ser el uro, el extinto toro salvaje; el cuerno único del legendario unicornio puede haber sido derivado de algún relato sobre rinocerontes que se menciona en el siglo cuarto a.C. por un escritor que nunca lo vio. El toro salvaje no aparece en esculturas después de 800 a.C.

Uña aromática

Ingrediente, posiblemente tomado de algún molusco marino, del incienso que se quemaba sobre el altar.

Ur de los Caldeos

Ciudad en la actual Irak, conocida como Mugayyer, parte de la cual ha sido excavada. Ya entre 3000 y 2500 a.C. era una ciudad magnífica, con vastos templos y palacios y finas obras de arte.

Urim y Tumim

Suerte sagrada puesta en un bolsillo del pectoral del sumo sacerdote, que se usaba para una comunicación de pregunta/respuesta con Dios. La respuesta esperada normalmente era «sí» o «no». El Urim y Tumim no se menciona después del tiempo de David.

Uzías

(Heb. Jehová es mi poder») Nombre de tres personas en el AT, una de los cuales fue rey de Judá (788-742 a.C.).

Vara, cayado

La «vara y cayado» del Sal 23.4 probablemente se refiera a dos instrumentos que aún utilizan los pastores del oriente. El primero es un palo pesado para espantar a los animales salvajes, el segundo es un palo curvo para guiar a las ovejas.

Vegetal

Algo que se siembra.

Vengador

La costumbre hebrea, como la de muchos otros pueblos de la antigüedad, autorizaba y aun exigía que el pariente más cercano vengara el homicidio de una persona dando muerte al homicida. La ley mosaica con el propósito de mitigar sus efectos, proveyó ciudades de refugio a las cuales podía escapar el homicida, y donde podía pedir un juicio justo. El vengador de la sangre se menciona con frecuencia en el AT.

Vestimenta

La prenda exterior de los hombres puede haber sido una tela rectangular, un manto, una capa o una túnica que se envolvía alrededor del cuerpo. Debajo de ella iba la vestimenta llamada capa, túnica o manto, que podía haber tenido el aspecto de una bolsa con aberturas para los brazos y la cabeza y era de diversos largos. También tenían un cinto o faja. Los sacerdotes usaban pantalones. El cinto y la túnica podían hacerse de pieles de animales. La tela, de diversos grados de belleza y elegancia, podían ser tejidas de lana, de hilo, de pelos de animales o de lino fino (probablemente algodón). Las

prendas sueltas se ataban con un cinto, una larga
tela de lana, que podía servir para sostener la espada; además, se podía doblar de tal modo que podía
servir para guardar monedas. Usaban sandalias
atadas con tiras de cuero. Los hombres importantes usaban un anillo o anillos. Había joyas elabora-
das para hombres de alto rango o ricos. La ropa
femenina era similar, aunque a veces más elaborada, decorada con franjas u otra ornamentación.
Las mujeres usaban más adornos que los hombres.
Se usaban diversos tipos de tinturas para las telas.

Vino

A veces la uva la exprimían por medio de piedras
pesadas, pero generalmente se pisaba en tinas. El
jugo, de rápida fermentación se ponía en jarrones o
en cueros nuevos. El agua era escasa en Palestina,
y el uso del vino aumentó por esa razón. Era abundante en el país, y lo bebían en parte como mosto
dulce, en parte después de la fermentación y de
asentarse las heces. Era una vieja costumbre agre-
garle especias. Antes de beberlo, el vino se filtraba
para quitarle la borra y los insectos. Se hace fre-
cuente mención del vicio de la borrachera, y hay
muchas advertencias enfáticas en su contra en las
Escrituras. Los recabitas y los nazareos se abste-
nían del vino. A los sacerdotes se les prohibía su
uso cuando estaban en servicio. Con el sacrificio
diario se presentaba una libación, en la ofrenda de
las primicias y en diversos otros sacrificios.

Viña

La vid es una de las plantas más características de

Palestina. Se da a Noé el crédito de ser el origina-
dor de su cultivo; el modo de su plantación, generalmente en una colina, se describe en Is 5.1-6. Se
mantenía un atalaya, y las vides improductivas se
eliminaban. La cosecha de la producción era para
comerla de inmediato, se secaba como pasas, se
hervía como un arrope, o se hacía vino. A viudas,
huérfanos y extranjeros se permitía sacar uva en las
viñas. Véase Vino.

Votos

En el AT, los votos eran promesas solemnes de
ofrecer sacrificios, etc., a Dios a cambio de su ayuda, o de abstenerse de algún deleite legítimo por su
causa. Tales votos eran voluntarios y no debían
hacerse a la ligera; una vez hecho no podían invali-
darse y eran inviolables. Nuestro Señor menciona
una sola vez los votos (Mt 15.5-9; Mr 7.11-13), y
condena a quienes dan a Dios lo que debieran dar
como sustento a sus padres. En Jerusalén, Pablo
tomó parte en un voto de nazareato (Hch
21.24-26), e hizo o cumplió un voto similar en Cencrea (Hch 18.18).

Vulgata

(Lat. *Versio vulgata*, «Versión común») La gran obra
de Jerónimo, que el año 382 fue comisionado por el
papa Dámaso para que revisase la Biblia Latina. El
resultado de su trabajo es la versión Vulgata latina,
de la cual hay una vasta cantidad de MSS. Probablemente el mejor texto de todos para determinar el
texto de la Vulgata como la dejó Jerónimo sea el
Codex Amiatino, escrito poco antes de 716 d.C. en

V

Wearmouth o en Jarrow en Northumberland, por mandato del abad Ceolfrido, como ofrenda votiva para el papa de Roma. El abad murió en el viaje a Roma, y se desconoce la suerte de su libro; probablemente fue presentado al papa a su debido tiempo, y finalmente fue a dar al monasterio de Monte Amiata, al cual debe su nombre. Ahora está en Florencia.

La revisión del AT la hizo Jerónimo en Palestina entre los años 392 y 404 d.C., con referencia directa al hebreo. El trabajo es disparejo; algunos libros sufrieron pocos cambios, otros fueron tratados con mucho más cuidado. En particular, el Salterio, que Jerónimo tradujo de nuevo del hebreo, ya lo había revisado dos veces siguiendo la Septuaginta; estas revisiones se conocen como Salterio Romano y Galicano. La nueva traducción desde el hebreo tuvo una aceptación muy lenta y el antiguo Salterio basado en la Septuaginta sólo fue reemplazado en el siglo 16 en el uso eclesiástico. Un curioso paralelo al conservadurismo romano en cuanto al salterio se encuentra en el Salterio del Libro de Oración de Inglaterra que no sigue el texto de la versión autorizada, sino el de la Gran Biblia de 1539-1541, aunque se han hecho frecuentes esfuerzos por cambiarlo.

Yugo

Los animales de tiro para arar se unían entre sí y el arado por medio de un yugo, que era una estructura de madera, o madera y cuero, que pasaba alrededor del pecho de cada animal. El yugo siempre era doble.

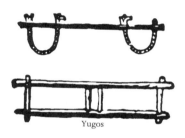

Yugos

Z

Zacarías

(Heb. «Yah ha recordado») Nombre de 33 personajes en la Biblia, uno de los cuales era hijo de Berequías, coadjutor de Hageo en la promoción de la reedificación del templo; profetizó en 520 y 518 a.C. Autor de la profecía que lleva su nombre.

Zacarías, Libro de

Este libro de profecía del AT está formado principalmente por visiones que presentan motivos para confiar y esforzarse. Los capítulos 9-14 presentan un escenario histórico diferente, y se refieren a la conquista de Tiglat-pileser III (745-727 aC) y podría haber sido escrito por el Zacarías de Is 8.2.

Zafiro

Piedra azul, semi preciosa. Una variedad del corindón, pero en la antigüedad puede haber denotado la piedra azul bellamente moteada que ahora se llama lapislázuli. Es un silicato de diversas bases, más blando que el acero y muy valioso para adornos. Se obtenía en Etiopía y Persia. Véase Jacinto.

Zarza

Véase Espinos.

Zarza ardiente

El arbusto que ardía mientras el ángel llamaba a Moisés puede haber sido una acacia o una zarza. No se ha podido identificar. Lo importante es lo que ocurría con él: ardía sin consumirse y allí estaba la presencia de Dios.

Zelote

Ala extrema del partido nacionalista, en el cual los fariseos representaban la política de la resistencia pasiva. Desde el tiempo de Herodes el Grande hasta la caída de Jerusalén el año 70 d.C., estuvieron en continuo estado de fermento. Su sede estaba en Galilea. «cananita» es el equivalente hebreo de zelote.

Ziv

Segundo mes en el calendario hebreo.

Zoán

Ciudad en el NE de Egipto, la capital de los hicsos,

ahora San el-Hajar. Antes se llamó Ramesés, y está
en la región de donde se inició el Éxodo, en uno de
los brazos del Delta del Nilo. Psamético la tuvo
como sede de una dinastía, identificadas como la 21
y 23.

Zofar

Naamatita, uno de los amigos de Job.

Zorobabel

(Acadio, «renuevo de Babilonia») Descendiente de
los reyes de Judá, al que Ciro le permitió regresar
del exilio con un remanente el año 538 a.C. Vio la
terminación del templo el año 515 a.C.

Zorro

En Lm 5.18, la traducción debiera ser chacal y no
zorro. Véase Sal 63.10. Generalmente en el AT se
alude a la hembra, zorra (Jue 15.4; Neh 4.3; Cnt
2.15).